C.H.BECK ■ WISSEN

Spätestens seit der Iranischen Revolution von 1979 und erst recht seit dem 11. September 2001 hält der Islamismus die Welt in Atem. Tilman Seidensticker erklärt, was Muslimbrüder, Salafisten, Wahhabiten und andere Strömungen voneinander unterscheidet, auf welche Vordenker sie sich berufen und mit welchen Mitteln sie operieren, um das Ziel einer islamischen Politik und Gesellschaft zu erreichen. Ein «Muss» für alle, die den islamischen Fundamentalismus und die Gefahr, die von ihm ausgeht, besser verstehen wollen.

Tilman Seidensticker ist Professor für Islamwissenschaft an der Friedrich-Schiller-Universität Jena. Seine kommentierte Ausgabe der «Geistlichen Anleitung» der Attentäter vom 11. September wurde in mehrere Sprachen übersetzt (mit Hans G. Kippenberg, 2004).

Tilman Seidensticker

ISLAMISMUS

Geschichte, Vordenker, Organisationen

Verlag C.H.Beck

2. Auflage. 2014

Originalausgabe
© Verlag C.H.Beck oHG, München 2014
Gesamtherstellung: Druckerei C.H.Beck, Nördlingen
Umschlaggestaltung: Uwe Göbel, München
Umschlagmotiv: Logo der Muslimbruderschaft
Printed in Germany
ISBN 978 3 406 66069 6

www.beck.de

Inhalt

Vorwort

Der in dieser Reihe erschienene Band *Der Islam: Geschichte und Gegenwart* des Tübinger Islamwissenschaftlers Heinz Halm informiert über die grundlegenden historischen Entwicklungen des Islams, erklärt die zentralen Begriffe seiner Lehre und zeigt, wie der Islam der Gegenwart im Alltag funktioniert. Über das Verhältnis von Islam und Islamismus informiert er jedoch nur auf wenigen Seiten, und das ist der Sache auch ganz angemessen, denn der Islamismus ist nur eine Facette des Islams. Während dieser vor bald vierzehn Jahrhunderten entstanden ist, gibt es das, was wir heute unter dem Begriff Islamismus fassen, erst seit den 1920er Jahren, und der religiöse Alltag der meisten Muslime wird von ihm nicht bestimmt.

Allerdings zieht der Islamismus durch seine gewalttätigen Seiten mittlerweile fast mehr Aufmerksamkeit auf sich als die islamische Religion selbst. Dieser Band soll dem Bedürfnis nach knapper und sachlicher Information über ein Phänomen entgegenkommen, das in Europa erst seit der Islamischen Revolution in Iran Anfang 1979 und der Ermordung des ägyptischen Staatspräsidenten Sadat im Oktober 1981 in den Blickpunkt gerückt ist. Dabei hat man es zunächst gar nicht unter dem Begriff des Islamismus registriert; weithin durchgesetzt hat sich dieser Terminus erst seit Mitte der 1990er Jahre, und inzwischen geht er jedem Nachrichtensprecher geläufig von der Zunge. Die Herkunft des Begriffs, seine Vorteile sowie eine tragfähige Definition werden zu Beginn dieses Buches behandelt.

Von Experten werden häufig kurze und prägnante Stellungnahmen zu Ursachen und Wesen des Islamismus erbeten. Es mag solche einfachen Antworten geben, doch werden diese ohne den historischen Hintergrund nicht sehr plausibel wirken. In diesem Buch wird deshalb dieser Hintergrund ausführlich vorgestellt. Im Anschluss daran werden einige wichtige Vordenker behandelt;

sie haben die konkrete Ausformung des Islamismus hinsichtlich Organisation und Ideologie hervorgebracht. Das nächste Kapitel verfolgt die Entwicklung verschiedener Organisationen bis zur Gegenwart. Abschließend werden einige besonders erklärungsbedürftige Konzepte des Islamismus wie der Jihad und das Märtyrertum erläutert.

Aufgrund der Kontinente überspannenden Verbreitung des Islamismus und seiner Vielgestaltigkeit musste für diesen Band eine Auswahl getroffen werden. Als Schwerpunkt habe ich die arabische Welt gewählt, weil sie uns geographisch am nächsten liegt und bei der Entstehung und Entwicklung des Islamismus eine zentrale Rolle gespielt hat. Einzelne Personen und Organisationen aus dem nichtarabischen Bereich werden wegen ihrer Bedeutung dennoch behandelt oder zumindest erwähnt. Verschiedene Begriffe wie Kalif, Sultan, Emir, Imam oder Sufismus werden im Text nicht oder nur knapp beim ersten Auftreten erläutert; ausführlichere Erklärungen finden sich in einem Glossar.

Für weitergehende Informationen zum Islam sei auf die genannte Überblicksdarstellung von Heinz Halm verwiesen. Etwas ausführlicher informiert beispielsweise das von Ralf Elger herausgegebene *Kleine Islam-Lexikon: Geschichte, Alltag, Kultur.*

I. Was ist Islamismus?

Eine allgemein akzeptierte Definition des Begriffs Islamismus gibt es nicht. Verwendet wird er unter anderem in den Massenmedien, in von Nichtwissenschaftlern verfassten Sachbüchern und in verschiedenen wissenschaftlichen Disziplinen, und in all diesen Bereichen unterliegt die Verwendung des Terminus eigenen Interessen und Zwängen. Darüber hinaus entscheidet oft die Weltanschauung darüber, was man aus welchen Gründen als Islamismus bezeichnet. Und schließlich ist das Phänomen, um das es geht, inzwischen gut achtzig Jahre alt und hat sich in dieser Zeit beträchtlich verändert und differenziert.

In diesem Buch soll folgende Definition zugrunde gelegt werden: *Beim Islamismus handelt es sich um Bestrebungen zur Umgestaltung von Gesellschaft, Kultur, Staat oder Politik anhand von Werten und Normen, die als islamisch angesehen werden.* Der Begriff «Bestrebungen» wurde gewählt, weil unter ihn verschiedenste Aktivitäten gefasst werden können, angefangen bei missionarischer oder erzieherischer Tätigkeit über das Engagement in politischen Parteien bis hin zu revolutionären Plänen. In den verschiedenen islamistischen Strömungen gibt es zwar eine Tendenz, in allen vier genannten Bereichen Gesellschaft, Kultur, Staat und Politik Veränderungen anzustreben, aber doch mit ganz unterschiedlichen Präferenzen; diese bestimmen natürlich auch die Wahl der Mittel zur Erreichung der Ziele. Die ins Zentrum der Legitimierung gestellten «islamischen Werte und Normen» schließlich sind bei näherem Hinsehen immer eine subjektive Auswahl und Interpretation aus der breiten religiösen, kulturellen und politischen islamischen Tradition. Hinzu kommen fast zwangsläufig neue und oft ganz moderne Elemente. Das lässt sich gut an Khomeinis «Herrschaft des Rechtsgelehrten» zeigen (dazu ausführlich Kapitel III.4): Weder im Koran noch in den Überlieferungen vom Propheten oder von den zwölf Imamen der Schia gibt es irgendwelche Hinweise zur konkreten Art der Herrschaftsausübung, und Khomeinis Ideen lassen sich innerhalb der Zwölferschia auch nur bis zum Beginn des 19. Jahrhunderts zurückverfolgen. Die demokratischen Elemente in seiner Vision sind auf westlichen Einfluss zurückzuführen, auch wenn Khomeini dies so nicht sagt.

   Empirisch lassen sich für den Islamismus als Gesamtphänomen noch einige weitere Merkmale feststellen:

- Eine Distanzierung von (unterschiedlich großen) Teilen der religiös-politischen Geschichte. Der Grund dafür liegt auf der Hand: Die gewachsene und zur Zersplitterung neigende religiöse Tradition war es nach islamistischer Sicht, die die islamische Welt in die Misere der Gegenwart geführt hat.
- Eine Verabsolutierung des Islams für die Gestaltung des individuellen, gesellschaftlichen und staatlichen Lebens, kombiniert mit dem Ziel einer weitgehenden Durchdringung der Gesellschaft. Dahinter mag der Wunsch nach flächendeckender Sicherung der Herrschaft stehen. Kein Zufall ist es aber, dass dieser Gedanke gleichzeitig mit der Blüte totalitärer Ideen, besonders in Europa, entstand.
- Die Forderung, statt der westlichen Volkssouveränität die «Souveränität Gottes» ins Werk zu setzen. Das führt zu starker Ablehnung von «menschengemachten Gesetzen», als die alle von Parlamenten beschlossenen Gesetze angesehen werden. Schon das Wort «Gesetz» scheint aus religiösen Gründen anstößig zu sein. Nachvollziehbar erscheinen Befürchtungen, dass Parlamente Beschlüsse auch gegen die ethischen Grundlagen der Gesellschaft oder eben die «des Islams» fassen könnten. (In der Verfassung der Bundesrepublik Deutschland wird diesem Problem dadurch Rechnung getragen, dass verschiedene Werte und Grundsätze aus Artikel 1 und 20 auch nicht durch eine Zweidrittelmehrheit abgeschafft werden können.)

Der Begriff «Islamismus» hat sich in den einschlägigen wissenschaftlichen Disziplinen, in den Medien sowie im politischen Sprachgebrauch in den späten 1990er Jahren (zusammen mit «islamistisch» und «Islamist») weitgehend gegen andere Begriffe, in Deutschland vor allem «islamischer Fundamentalismus», durchgesetzt. «Islamismus» ist nicht nur wesentlich «handlicher» als das Gebilde «islamischer Fundamentalismus», sondern es gibt auch gute inhaltliche Gründe für den Wechsel der Bezeichnung. Über die sachlichen Probleme hinaus war die Diskussion dadurch belastet, dass «der Islam» wegen der politischen Großwetterlage und stark wachsender Zahlen von muslimischen Migranten im Westen zu einer Weltanschauungsfrage geworden war. Bezeichnungen können in einem solchen Umfeld zum Transport innenpolitischer Interessen dienen, was mit dem (idealerweise) sachbezogenen Interesse der akademischen Disziplinen kollidiert.

Islamwissenschaftler haben seit der Mitte der 1980er Jahre die mitschwingenden negativen Wertungen von «islamischer Fundamentalismus» kritisiert, mehr aber noch die halbwegs wertneutrale Assoziation von «Buchstabengläubigkeit», die dem Terminus anhaftet. Geprägt wurde das Wort «Fundamentalismus» für die Einstellung konservativer protestantischer Kreise in den USA nach dem Ersten Weltkrieg, die sich für eine Orientierung strikt am Wortlaut der Bibel aussprachen, nicht zuletzt in Bezug auf die Schöpfungsgeschichte. Zur Anwendung des Wortes auf die schiitischen Geistlichen Irans beispielsweise wurde von der Islamwissenschaft mit Recht gesagt, dass diese mit ihrer Lehre von der freien Rechtsfindung geradezu Anti-Fundamentalisten seien. Auch ein radikaler Vordenker wie Sayyid Qutb klebt in seinem Korankommentar *Im Schatten des Korans* ganz und gar nicht am Buchstabensinn des Grundtextes, sondern wählt erkennbar aus. Ebenso richtig wurde argumentiert, dass mit «Fundamentalismus» eigentlich nur die radikalen Strömungen bezeichnet werden könnten und somit nur ein Teil des Spektrums erfasst werde.

Zur Verteidigung des Wortes muss gesagt werden, dass es Züge des Islamismus beleuchtet, die in ähnlicher Form nach dem Ende der bipolaren kapitalistisch-kommunistischen Welt auch in anderen Religionen (wieder-)entdeckt wurden. In den 1990er Jahren sah man «fundamentalistische» Strömungen in Judentum, Christentum und Hinduismus, die mit denen des Islamis-

mus Ähnlichkeiten aufzuweisen schienen: überzeitliche Heils-
gewissheit für die Anhänger der eigenen Religion, einen Gut-
Böse-Dualismus, manchmal (!) buchstabengläubige Bindung an
einen Schriftkanon und totalitäre Visionen in Anlehnung an
eine idealisierte Urgesellschaft. Da auch der Eindruck entstand,
die fundamentalistischen Tendenzen hätten seit den 1970er Jahren zugenommen, wurden sie als Folge der ökonomischen und
kulturellen Globalisierung angesehen. Der Denkansatz gipfelte
in Aperçus wie dem Satz Benjamin Barbers, dass «Jihad der ner-
vöse Kommentar der Moderne zu sich selbst» sei.

   Der vergleichende «Fundamentalismus»-Ansatz hat den
wichtigen Gedanken zum tieferen Verständnis des Islamismus
geliefert, dass die religiösen Begründungen bestimmter Einstellungen und Aktivitäten nicht als die eigentlichen oder allei-
nigen Ursachen angesehen werden dürfen. Aber der Kern der
Bezeichnung trifft doch das Wesen des Islamismus nicht, weder
als Buchstabengläubigkeit noch allein als eine moderne An-
ti-Modernisierungs-Ideologie. Die eher zufälligen politischen
Rahmenbedingungen, etwa im Zusammenhang mit dem Palästina-Konflikt, können der «Modernisierung» nicht ohne weiteres angelastet werden. Die durch Muhammads Rolle als
Staatsmann bedingte lebenspraktisch-politische Seite des Islams
ist eine weitere Besonderheit. Die verschiedenen islamistischen
Bewegungen richten sich auch gegen ganz unterschiedliche As-
pekte dessen, was man «Moderne» nennt. Und schließlich über-
strahlt der Islamismus mit Anhängern aus (fast) allen Schichten
und globaler Verbreitung alle anderen «Fundamentalismen».
Aus diesen Gründen ist eine eigene Bezeichnung sinnvoll.

Zur Entstehung des Begriffs «Islamismus» fehlen bisher wissen-
schaftliche Untersuchungen. Klar ist immerhin, dass es das
Wort als Bestandteil des viel älteren europäischen Terminus
«Panislamismus» schon seit dem letzten Viertel des 19. Jahrhunderts gab, als es in Analogie zu Begriffen wie «Panslawis-
mus» geprägt wurde; mit «Panislamismus» wurden Bestrebungen wie die von Sultan ʿAbdülhamîd II. oder von al-Afghânî bezeichnet (zu ihnen siehe Kapitel II.3 und III.1). Im Jahr 1981

erschien ein Aufsatz des israelischen Orientalisten Jacob Landau mit dem Titel *Islamism and Secularism: The Turkish Case.* Landau benutzt dieses Wort mit der größten Selbstverständlichkeit und ohne jede Erläuterung, aber nicht ganz in dem später allgemein üblichen Sinne; er versteht darunter eine islamisch-religiöse (aber noch nicht politische) Orientierung in der Türkei vor den 1950er Jahren. Im Französischen hatte es das Wort schwerer, weil «islamisme» traditionell einfach nur den Islam bezeichnete, in Analogie zu «christianisme» für das Christentum und «judaïsme» für das Judentum. Der auf den nordafrikanischen Islamismus spezialisierte französische Soziologe und Politologe Bruno Etienne gebraucht «islamisme» in seinem 1982 erschienenen Aufsatz *La vague «islamiste» face aux nations arabes* zweimal ohne Erklärungen oder Anführungszeichen im heutigen Sinne. Die erste Auflage des von Werner Ende und Udo Steinbach herausgegebenen Standardwerks *Der Islam in der Gegenwart* erschien 1984. Der Begriff «Islamismus» taucht in diesem umfangreichen Werk gerade zweimal auf und ist in Anführungszeichen gesetzt. Im Index der 5., neubearbeiteten Auflage von 2005 hingegen nehmen Verweise auf «Islamismus» über eine halbe Spalte ein, und natürlich wird der Terminus nicht mehr in Anführungszeichen gesetzt.

Während es also so aussieht, als ob das Wort «Islamismus» in den frühen 1980er Jahren in der Luft gelegen hat und irgendwann einfach da war, wissen wir über die Herkunft von «Islamist» etwas mehr. Seiner französischen Form «islamiste» liegt die arabische Bezeichnung *islâmî* (Plural *islâmîyûn*) zugrunde, die sich in den 1970er Jahren für islamisch orientierte politische Aktivisten herausbildete. Wörtlich bedeutet sie «ein Islamischer», und man kann sie wirklich kaum besser als mit «Islamist» übersetzen. Bruno Etienne hat dies im erwähnten Aufsatz von 1982 so gemacht, hat aber «islamiste» oft noch in Anführungszeichen gesetzt. In der 1. Auflage von *Der Islam in der Gegenwart* findet sich «Islamist(en)» dreimal, ebenfalls immer in Anführungszeichen, und es wird auf *islâmî(yûn)* als Vorbild hingewiesen. In Landaus englischem Aufsatz von 1981 wird «Islamist» als Adjektiv für Parteien etc. ebenso wie substanti-

viert für Personen ohne Erklärung oder Anführungszeichen benutzt; wahrscheinlich hat Landau das Wort einfach aus «Islamism» abgeleitet.

Auf den ersten Blick unerwartet sind die Reaktionen der
Vertreter des Islamismus auf die Begriffe, die auf sie gemünzt
wurden. Das hierzulande manchmal als unsachlich empfundene
Wort «Fundamentalist» wurde nach anfänglichem Befremden
in Gestalt der Lehnübersetzung *usûlî* («an den Wurzeln orientiert») akzeptiert: Im Gestus freudiger Selbstbezichtigung erklärte man, gerne Fundamentalist sein zu wollen, wenn dies
Treue zu frühislamischen Prinzipien beinhalte. Das Wort «Islamismus», bei uns wegen seiner Sachlichkeit allgemein geschätzt,
stößt bei Islamisten dagegen häufig auf Ablehnung, weil man
die eigene Position ja als den einzig richtigen Islam ansieht und
nicht als eine bestimmte Strömung.

II. Der geschichtliche Hintergrund

1. Aufstieg und Niedergang der islamischen Welt

Die rasante Ausdehnung des islamischen Herrschaftsbereichs in der Frühzeit und seine spätere Schrumpfung sowie die gegenwärtige Situation, die von den Muslimen weithin als Misere empfunden wird, spielen als Denkfigur von (schuldhaft?) verlorener einstiger Größe eine kaum zu überschätzende Rolle für den Islamismus.

Beim Tod des Propheten Muhammad im Jahr 632 war der größere Teil der Arabischen Halbinsel politisch an Medina gebunden. Im Jahr 750 reichte das islamische Herrschaftsgebiet im Westen bis an den Atlantik und auf der Iberischen Halbinsel bis an die Pyrenäen, im Norden bis an den Kaukasus, im Nordosten bis an das Gebiet des heutigen Kirgistan und im Osten bis an den Indus. Hinzu kamen in späteren Jahrhunderten in Afrika der Sahararaum und das Gebiet südlich davon bis an den 10. Breitengrad, das ostafrikanische Küstengebiet vom Horn von Afrika bis ins heutige Mosambik; in Asien der größere Teil des Indischen Subkontinents und Teile der Malaien-Halbinsel sowie von Sumatra und Java; im Nordosten ein riesiger Bogen von der Krim über Kasan an der mittleren Wolga bis zur Ostgrenze des heutigen Kasachstan; schließlich neben Anatolien auch fast das gesamte Südosteuropa, grob gesagt das Gebiet südlich der Linie Rijeka – Kiew.

Die Chronik der Gebietsverluste beginnt an der westlichen Peripherie mit der Eroberung Toledos im Jahr 1085 durch Alfons VI. von León-Kastilien und endet auf der Iberischen Halbinsel mit dem Fall Granadas im Jahr 1492. Mit der Eroberung Kasans an der Wolga 1552 durch Iwan den Schrecklichen wird die russische Unterwerfung des muslimischen Zentralasien eingeleitet. 1757 besiegt die Armee der East India Company den muslimischen Herrscher von Bengalen, und in der weiteren

Folge dieses Ereignisses wird ab 1858 der Indische Subkon-
tinent von einem britischen «Vizekönig» regiert. Die Entwicklung in der arabischen Welt zwischen der französischen Besetzung Algeriens 1830 und den britischen und französischen
Mandaten in den arabischen Provinzen des Osmanischen
Reichs 1922 soll weiter unten skizziert werden. Seine europäischen Provinzen – unter anderen Ungarn, Siebenbürgen und
Kroatien – hatte das Osmanische Reich seit dem Frieden von
Karlowitz 1699 nach und nach verloren, und es sollte den Vorstellungen des Vertrags von Sèvres (1920) zufolge auf einen zen-
tralanatolischen Kernstaat reduziert werden. Letztlich war in
der nordafrikanisch-vorderasiatischen Region neben Iran nur
der größere Teil der Arabischen Halbinsel niemals direkter
europäischer Herrschaft unterworfen. Die Dekolonisation dauerte lange, wie unten ebenfalls noch ausgeführt werden soll;
innerhalb der arabischen Welt bildet die Entlassung Bahrains
und der «Vertragsküste» (später Vereinigte Arabische Emirate)
aus dem Protektoratsstatus im Jahr 1971 das Schlusslicht. Und
mit der Unabhängigkeit sind die Probleme in vielen Ländern
nicht vorbei.

Die moderne Geschichtswissenschaft hat die einzelnen Etap-
pen des imperialen Erfolges der islamischen Expansion, die politische Fragmentierung schon ab dem 8. Jahrhundert sowie die
Misserfolge auf ökonomischem, politischem und militärtechni-
schem Gebiet recht gut nachzeichnen und erklären können. Er-
klärungsbedürftig scheinen weniger der Sieg der Muslime gegen
das byzantinische und sassanidische Imperium und die weiteren
Landgewinne zu sein als die Frage, warum Europa etwa ab dem
15. Jahrhundert durch seefahrerischen Wagemut, die Entwicklung von Feuerwaffen und andere technische Neuerungen den
Rest der Welt ins Hintertreffen bringen konnte. Aber selbst
wenn diese Frage zu beantworten wäre: Von einer großen Zahl
heutiger Muslime wird der Befund des Niedergangs als schwere
Kränkung empfunden.

Ein Weg zur Bewältigung des Traumas besteht in der
Überzeugung, auf den Islam der frühen Zeit zurückgreifen zu
müssen, um an dessen politische und kulturelle Erfolge an-

knüpfen zu können. Welche (vermeintlichen) Merkmale des Goldenen Zeitalters dabei entscheidend sind, ist umstritten – individuelle Frömmigkeit, hohe moralische Standards der ganzen Gesellschaft, theokratische Elemente, der Einfluss von Gelehrten und anderes –, aber der Impuls, unmittelbar auf die Frühzeit zurückzugreifen, vorbei an der degenerierten Tradition, liegt direkt oder indirekt praktisch allen islamistischen Visionen zugrunde.

2. Die Entstehung von Wahhabismus und Salafismus

Der Wahhabismus und der mit ihm eng verwandte Salafismus werden zum Teil noch heute nicht dem Islamismus zugerechnet, weil Teile ihrer Anhängerschaft keine direkten politischen Ambitionen entwickelt haben. Wegen ihrer kulturellen und gesellschaftlichen Vorstellungen und der Präsenz von Salafisten im Westen werden aber beide Richtungen zusammen hier im Einklang mit der oben gegebenen Definition von Islamismus diesem zugerechnet und neben der Muslimbruderschaft und ihren Ablegern als eine seiner beiden Hauptströmungen angesehen.

Wahhabismus

Einen heutigen wahhabitischen, in Saudi-Arabien wirkenden Religionsgelehrten kann man nur in einem sehr eingeschränkten Sinn als Islamisten bezeichnen. Er kämpft nicht für einen islamischen Staat, sondern er lebt in einem Staat, der ihm in einigen (wenigen) Bereichen die Durchsetzung von traditionell-islamischen Normen garantiert, vor allem im Bereich des Kultus und der Bildung sowie in Teilen der Rechtsprechung und der öffentlichen Ordnung. Weite Bereiche der Herrschaftsausübung sind seinem Einfluss entzogen, und wenn er die Legitimität des Königshauses in Zweifel zieht, kann man ihn schon nicht mehr Wahhabit nennen, denn die Loyalität zum saudischen Königshaus gehört seit dem 18. Jahrhundert zu den Wesensmerkmalen des Wahhabismus.

Die Bezeichnung «Wahhabit» wurde schon wenige Jahr-

zehnte nach der Gründung des ersten saudischen Staates im
Jahr 1744 von zeitgenössischen Muslimen geprägt, und zwar
nicht mit freundlichen Absichten. Die Anhänger dieser streng-
gläubigen Richtung des Islams haben sich immer dagegen ge-
wehrt, so bezeichnet zu werden; ausgerechnet sie wollten nicht
nach einer religiösen Autorität benannt werden. Darüber hinaus vertraten sie die Ansicht, dass sie nicht einer individuellen Auslegung des Islams anhingen, sondern dem einen richtigen, reinen Glauben. Die bevorzugte Selbstbezeichnung war
zunächst «Einheitsbekenner» (*ahl at-tauhîd, muwahhidûn*),
womit zum Ausdruck gebracht wird, dass alle anderen Muslime
nicht als Monotheisten anzusehen sind. Seit längerer Zeit hat
sich, wohl aus diesem Grund, die Selbstbezeichnung *salafî*
durchgesetzt, also «Anhänger des Islams der frommen Altvorderen».

  Salafî ist nun auch die Selbstbezeichnung der Salafisten. Aus
inhaltlichen Gründen ist es aber zweckmäßig, die beiden Gruppen voneinander zu unterscheiden, und deshalb soll an der Bezeichnung «Wahhabismus/Wahhabit» festgehalten werden: Der
Salafismus ist im Wesentlichen aus dem Wahhabismus hervorgegangen, weicht aber in einigen wichtigen Zügen von diesem
ab.

  Entstanden ist der Wahhabismus Mitte des 18. Jahrhunderts in
einem toten Winkel der Arabischen Halbinsel, dem Najd; mit
diesem Wort wird das nördliche Zentralarabien bezeichnet. Der
Hijâz, das westliche Küstengebirge der Halbinsel mit den heiligen Städten Mekka und Medina, gehört ebenso wenig dazu
wie der östliche Streifen am Golf (al-Ahsâ). Der Hijâz stand unter der Herrschaft der Scherifen von Mekka, Nachkommen des
Propheten Muhammad, die schon seit dem 10. Jahrhundert lo-
kale Macht ausübten und sich in späterer Zeit größeren Mächten zu unterstellen hatten; im 18. Jahrhundert waren dies die
osmanischen Sultane in Istanbul. Weder die Scherifen noch die
Mächte an der Ostküste (die Osmanen beziehungsweise ein lo-
kales Emirat) beherrschten den Najd jemals richtig; die karge
Gegend und ihre geringe strategische Bedeutung schienen der

Mühe nicht wert. Die sesshafte Bevölkerung siedelte in mehreren Dutzend Oasen; meistens herrschten die Emire des Najd nur über einzelne davon, selten über mehrere.

Muhammad Ibn ʿAbdalwahhâb (1703–1792) entstammte einer hanbalitischen Gelehrtenfamilie aus dem kleinen Ort al-ʿUyaina und reiste zum Studium nach Medina, Basra und nach al-Ahsâ. Er entwickelte eine Lehre, deren Kernelemente die rigide Anwendung von Rechtsvorschriften und eine extreme Definition des Monotheismus (*tauhîd*) waren. Der letztere Punkt klingt nach lebensferner Theologie, hatte aber sehr direkte Folgen für das Alltagsleben der damaligen Muslime im Najd und bald auch weit darüber hinaus. Der Gegenbegriff zu *tauhîd* ist *shirk*, «Vielgötterei», und diese setzt nach Muhammad Ibn ʿAbdalwahhâbs Ansicht weit eher ein, als es von Sunniten jemals zuvor vertreten worden war. Praktiken, die er als mit seinem Monotheismus unvereinbar ansah, waren insbesondere Heiligen- und Gräberkult, was vor allem den Sufismus (also den mystischen Islam) mit seinen vielfältigen Formen der Heiligenverehrung und die Schia mit ihrer Verehrung der Imame betraf. Damit machte er den größten Teil seiner muslimischen Zeitgenossen zu Ungläubigen. Doch damit nicht genug, der wahre Monotheist hatte jeden gesellschaftlichen Kontakt mit den Anhängern dieser «Vielgötterei» zu vermeiden und musste sich darüber hinaus auch aktiv gegen sie einsetzen; andernfalls rückte er auf eine Stufe mit diesen Ungläubigen.

Diese Theologie bedeutet einen Bruch mit dem Konsens sämtlicher sunnitischer Rechtsschulen einschließlich seiner eigenen, also der hanbalitischen. Autoritativ war nicht mehr die gewachsene Tradition, sondern waren allein Koran und Prophetentradition sowie die Meinungen einiger früherer Gelehrter aus der hanbalitischen Richtung. Allen anderen Hanbaliten sowie auch den übrigen drei sunnitischen Rechtsschulen machte Ibn ʿAbdalwahhâb den schwerwiegenden Vorwurf, zu einem falschen Konsens in der Frage nach der Umsetzung des islamischen Monotheismus gekommen zu sein. In der Praxis bewegen sich allerdings der Begründer des Wahhabismus wie auch seine in Saudi-Arabien bis heute dominierenden leiblichen und geistigen Nachkommen innerhalb des Entscheidungsrahmens der hanbalitischen Rechtsschule.

Die Islamwissenschaft hat versucht, die Lehre Ibn ʿAbdalwahhâbs aus dem damaligen ideengeschichtlichen und politischen Kontext heraus zu erklären, aber das ist nur bedingt gelungen. Über seine Lehrer, speziell die Experten für Prophetentradition aus dem Hijâz, und einige inhaltliche Übereinstimmungen lässt er sich mit anderen «Reformbewegungen» des 18. Jahrhunderts in Verbindung bringen, doch diese Zusammenhänge sind eher lose. In der näheren und ferneren Umgebung der Arabischen Halbinsel sind auch keine gravierenden politischen oder sozialen Umbrüche erkennbar, auf die seine Strenge eine religionspolitische Reaktion hätte sein können. Anhand der Taten, die auf seine rigorosen Lehren folgten, lässt er sich leichter einordnen; sie gehören zu immer wiederkehrenden Ausbrüchen von moralistischem Aktivismus, wie sie im 10. und 11. Jahrhundert in Bagdad einen ersten Höhepunkt hatten. In osmanischer Zeit zeigten sich diese Wellen von Protest gegen «Gräberkult», den Sufismus allgemein, aber auch gegen Kaffee- und Tabakgenuss ab dem späten 16. bis ins frühe 18. Jahrhundert in Istanbul und Kairo. Ibn ʿAbdalwahhâb steht in dieser Tradition, hinter der sich allerdings sehr unterschiedliche politische und soziale Bewegungen verbergen. Am Ende hat er seine Auffassungen vor allem aus sich selbst heraus und aus den Möglichkeiten des Najd mit seiner strengen hanbalitischen Tradition entwickelt.

Doch auch innerhalb dieser Schule stießen seine Lehren auf erheblichen Widerstand, wie er nach seinen ersten öffentlichen Auftritten in der Oase Huraimilâ um das Jahr 1741 herum erfahren sollte. Er kehrte deshalb in seine 40 Kilometer südöstlich gelegene Heimatstadt al-ʿUyaina zurück, deren Herrscher zu seinen Anhängern gehörte. Drastische Aktionen wie das Fällen als heilig angesehener Bäume und die Zerstörung des Grabes von Zaid Ibn al-Khattâb, Bruder des 2. Kalifen ʿUmar, erregten bis nach al-Ahsâ Unruhe und führten schließlich im Jahr 1744 zu einer weiteren Umsiedlung, diesmal nach ad-Dirʿîya, weitere

30 Kilometer südöstlich gelegen (und heute am nordwestlichen Rand von Groß-Riad).

Mit dem Herrscher von ad-Dirʿîya, Muhammad Ibn Saʿûd, dessen Nachkommen noch heute dem Königreich seinen Namen geben, schloss er ein Übereinkommen, das ihm Schutz, oberste religiöse Autorität und Unterstützung bei der Verbreitung seiner Lehre sicherte, dem Herrscher dagegen die politische Macht vorbehielt und für religiöse Legitimation sorgte.

In den folgenden Jahrzehnten gelang es dem wahhabitisch-saudischen Emirat in zähem Ringen, die Vorherrschaft über den Najd zu erlangen. 1803 wurde Mekka der wahhabitischen Herrschaft unterstellt, 1805 folgte Medina, der Scherif Ghâlib verlor seine politische Eigenständigkeit. Zur gleichen Zeit fanden Übergriffe auf südirakisches Gebiet statt, also auf eine osmanische Provinz; der Zweck war weniger Eroberung als Beutemachen. Unter den wahhabitischen Einfällen der Zeit zwischen 1801 bis 1812 ragt der Überfall auf Kerbela im Jahr 1802 mit einem Massaker an der vorwiegend schiitischen Bevölkerung und der Plünderung und Zerstörung des Husain-Schreins besonders heraus. Dieses Ereignis und das Verwüsten von Kalifengräbern in Medina 1805 haben das Image der Wahhabiten als fanatische Sektierer nachhaltig geprägt.

Der Sultan in Istanbul sah seine Interessen im Hijâz und im Irak berührt und forderte seinen ägyptischen Statthalter Muhammad ʿAlî schon 1807 auf, gegen die Wahhabiten vorzugehen. Im Jahr 1818 fiel die Hauptstadt des Emirats ad-Dirʿîya und wurde völlig zerstört. Der damalige Herrscher ʿAbdallâh Ibn Saʿûd wurde nach Istanbul deportiert und hingerichtet. Seinem Sohn Turkî gelang es aber schon 1824, sich wieder in Riad festzusetzen und die saudische Herrschaft im südöstlichen Najd sowie in al-Ahsâ auszubauen. Die Zeit dieses zweiten saudischen Staates war durch andauernde innerfamiliäre Machtkämpfe gekennzeichnet, die es im Jahr 1887 dem Herrscher Hâʾils (weit im Nordwesten des Najd), Muhammad Ibn Rashîd, erlaubten, einen eigenen Gouverneur in Riad einzusetzen und so dem zweiten Staat faktisch ein Ende zu bereiten.

Die Ära des dritten Staates begann 1902 mit der Rückkehr

von ʿAbdalʿazîz Ibn Saʿûd aus dem kuwaitischen Exil nach Riad, wo er den Gouverneur Hâʾils tötete und sich zum Emir erklärte. Die folgende neuerliche Expansion der Saudis – weitgehend im Umfang der heutigen Grenzen – nahm ein Vierteljahrhundert in Anspruch. Zu den schon bekannten lokalen und regionalen Mächten (den Scherifen von Mekka, dem Emirat Hâʾil und den Osmanen) waren inzwischen noch die Briten als weiterer und mächtiger Akteur hinzugekommen, der sich zunehmend an die saudische Seite stellte. Der Scherif Husain erklärte sich 1924 in Mekka zum Kalifen, nachdem die türkische Nationalversammlung das Amt wenige Tage zuvor abgeschafft hatte. Ibn Saʿûd reagierte darauf mit der Eroberung der nahe Mekka gelegenen Stadt Tâʾif im September 1924 und von Mekka selbst im Dezember des gleichen Jahres; ein Jahr später unterstellte sich ihm auch Medina. 1926 wurde Ibn Saʿûd von den Notablen von Mekka und Medina als «König des Hijâz und Sultan des Najd» anerkannt; die Briten und weitere Mächte schlossen sich an.

Getragen wurde die saudische Expansion im Wesentlichen durch die «Brüder» (*Ikhwân*), Krieger, die ab 1910 aus loyalen Nomadenstämmen angeworben und sesshaft gemacht worden waren. Die *Ikhwân* sind für ihre Greueltaten unter den Schiiten von al-Ahsâ 1913 und der Bevölkerung von Tâʾif 1924 sowie allgemein durch religiöse Tyrannei berüchtigt. Die Zerstörung des Friedhofs neben der Prophetenmoschee in Medina 1926 mit seinen zahlreichen Gräbern von religiösen Größen der Frühzeit mag hier symbolisch für ihr Wüten stehen. Als sie ab 1927 gegen Ibn Saʿûds gute Beziehungen zu Großbritannien, die von ihm erhobenen Steuern und seinen gehobenen Lebensstil revoltierten, musste er sich gegen die von ihm geschaffene Bewegung wenden und konnte sie (auch mit Unterstützung der britischen Luftwaffe) bis 1930 ausschalten. 1932 rief er das Königreich Saudi-Arabien aus.

In der über achtzigjährigen Geschichte dieses Königreichs war kein anderes Ereignis so folgenreich wie die Genehmigung zur Ölprospektion, die 1933 einem US-amerikanischen Konsortium erteilt wurde. Im Jahr 1939 wurde das erste an der

Ostküste geförderte Öl exportiert. Der nun einsetzende Zufluss von Geld machte das Land reich, auch wenn er – etwa in der Mitte der 1980er Jahre – zeitweise rückläufig war und durch die zu Beginn der 1980er Jahre einsetzende Bevölkerungsexplosion teilweise aufgezehrt wurde. Doch nach wie vor ist der Reichtum des Landes bedeutend. Die *ʿulamâʾ*, also die Gelehrten, unter denen die Nachkommenschaft Ibn ʿAbdalwahhâbs bis heute dominiert, haben ihre wichtige herrschaftslegitimierende Funktion beibehalten. Für den nach dem Zweiten Weltkrieg stark amerikafreundlichen Kurs des Königreichs, der durch den Palästina-Konflikt zunehmend heikler wurde, brauchte man sie ebenso wie für die Auseinandersetzung mit dem seit den 1950er Jahren sehr erfolgreichen panarabisch-sozialistischen Nasserismus. Wichtig sind sie auch wegen der großen Bedeutung religiöser Inhalte im Bildungssystem. Institutionalisiert ist das Gelehrtentum im 1971 begründeten Rat der hochrangigen Gelehrten und im schon 1953 eingerichteten Fatwa-Amt. Ein «Komitee zur Durchsetzung des Richtigen und Verhinderung des Verwerflichen» wurde bereits 1926 gegründet. Einem Gremium von Gelehrten unterstehen die *mutawwaʿûn*, die Religionspolizisten; ihre oft unrühmlichen Aktivitäten finden ihren Weg immer wieder bis in westliche Medien. Über die 1962 in Mekka gegründete und vom Königshaus großzügig alimentierte Muslim World League (MWL), die Organization of the Islamic Conference (OIC, gegründet 1969, seit 2011 Organization of Islamic Cooperation), die World Assembly of Muslim Youth (WAMY, gegründet 1972) sowie zahlreiche weitere Organisationen und Stiftungen wird die innere und äußere wahhabitische Mission intensiv gefördert. Zur Mission außerhalb Saudi-Arabiens tragen auch die ausländischen Absolventen der Islamischen Universität in Medina bei. Heute hat die ultrakonservative wahhabitische Auslegung des Islams im Königreich, in der weiteren islamischen Welt und auch in der muslimischen Diaspora im Westen eine angesichts ihrer theologischen und moralischen Strenge erstaunlich weite Verbreitung. Aber je weiter sich diese Auslegung von ihrem Ursprungsland entfernt, desto mehr treten auch zwei ihrer Merkmale in den Hintergrund: die Bindung an die hanbalitische Rechtsschule und die Loyalität gegenüber den dortigen «legitimen Herrschern», der saudischen Monarchie.

Salafismus 2000

Die Veränderungen des Wahhabismus außerhalb von Saudi-Arabien sowie Abspaltungen im Königreich selbst haben den Begriff des Salafismus entstehen lassen – allerdings auch eine beträchtliche Verwirrung rund um diesen Begriff. Zunächst zur Herkunft der Bezeichnung: Sie ist vom arabischen Begriff der *salaf (sâlih)* abgeleitet, was im Deutschen für gewöhnlich mit «(Rechtschaffene) Altvordere» übersetzt wird und die ersten drei Generationen von frommen Muslimen bezeichnet. Dabei wird eine Generation aber anders als bei uns nicht nur mit einem runden Vierteljahrhundert angesetzt, sondern als «aneinandergelegte», sich also nur gerade noch berührende Generation von Menschen, die jeweils ein Alter von bis zu achtzig Jahren abdeckt. Vom Beginn von Muhammads prophetischem Wirken im Jahr 610 kommt man so mit den drei Generationen bis zum Jahr 850.

Vom hier zugrunde gelegten Begriffsverständnis ist zunächst einmal die Bewegung des «Salafîya-Islams» zu unterscheiden, dem al-Afghânî, Muhammad ʿAbduh und Muhammad Rashîd Ridâ und ihr Umfeld zugerechnet werden. Auch wenn Rashîd Ridâ und einige andere Protagonisten des Salafîya-Islams deutliche Sympathien für den Wahhabismus hatten, sollte er wegen seiner stark antikolonialen und zugleich modernistischen Komponente vom Salafismus unterschieden werden. Letzterer ist erst um das Jahr 2000 von der westlichen Islamwissenschaft richtig registriert worden. Die erste dem Salafismus gewidmete Publikation vom Umfang eines Buches ist eine Sammlung von Kongressvorträgen, die Roel Meijer unter dem Titel *Global Salafism* im Jahr 2009 herausgegeben hat.

Ein Salafist, so soll die Bezeichnung hier verstanden werden, hält nur den Koran, die Prophetentradition sowie Glauben und Lebensweise der frommen Altvorderen für Quellen eines authentischen Islams. Dies führt manchmal zu peinlich genauer Imitation auch in Äußerlichkeiten und zu minimalen Besonderheiten in rituellen Details. Eine weitverbreitete Abneigung gegen politischen Aktivismus, nicht zuletzt gegen den der Muslimbrüder, wird damit begründet, dass es in der Frühzeit des Islams ebenfalls keine (akzeptablen) politischen Bewegungen gegeben habe und im Übrigen ein «islamischer Staat» keine Garantie dafür sei, dass seine Bürger den reinen Islam lebten. Und nur dieser hat für viele Salafisten wirklich Bedeutung.

Diese Auffassungen allein rechtfertigen allerdings noch nicht, den Salafismus vom Wahhabismus zu unterscheiden. Aber der Salafist sagt sich von der in Saudi-Arabien verbindlichen Orientierung an der hanbalitischen Rechtsschule los, ja sogar von der Bindung an die gewachsene Tradition der vier sunnitischen Rechtsschulen insgesamt. Häufig kündigt er auch seine Loyalität gegenüber der saudischen Monarchie stillschweigend oder sogar explizit auf. In gewisser Hinsicht hat der Salafismus Ibn ʿAbdalwahhâbs Ideen konsequent zu Ende gedacht und ist mit der radikalen Berufung auf die *salaf* über ihn und seine Ablehnung jeder religiösen Neuerung (*bidʿa*) noch hinausgegangen. Das enge Monotheismusverständnis hat er mit dem Wahhabismus gemeinsam, ebenso wie die daraus abgeleitete Abneigung gegen Sufis und Schiiten und gegen Kontakte zu Nichtmuslimen.

Die Verwirrung im Zusammenhang mit dem Terminus Salafismus rührt zum einen daher, dass diese Strömung mit der Betonung individueller Glaubensreinheit und mit ihren informellen Lehrer-Schüler-Beziehungen stark zur Zersplitterung neigt. Dissens entzündet sich schon an kleinen Äußerlichkeiten, mehr aber noch an der sehr bedeutsamen Frage, ab welchem Zeitpunkt ein Herrscher nicht mehr nur korrupt (und damit grundsätzlich noch zu akzeptieren), sondern wirklich ungläubig ist, auch wenn er sich wie die saudischen Monarchen als Hüter des reinen Islams versteht.

Zum anderen sind die historischen und ideengeschichtlichen Wurzeln des Salafismus nach wie vor unklar. Es mag im Bereich der Theologie und mehr noch des Rechts einzelne Vorläufer auch neben dem bekannten Ibn Taimîya (gestorben 1328) und seinen Schülern gegeben haben, die die heutigen Salafisten als

Vorläufer zu einzelnen Gedanken in Anspruch nehmen können und die die *salaf sâlih* im Munde geführt haben. Aber von einer breiteren und einigermaßen homogenen Bewegung kann man erst seit dem Aufkommen des Wahhabismus Mitte des 18. Jahrhunderts sprechen. Allerdings ist noch eine weitere Bewegung zu nennen, die eindeutig salafistische Züge zeigt und definitiv nicht auf wahhabitischen Einfluss zurückgeht: die nordindischen Ahl-i Hadîth. Diese Denkschule ist zwischen 1830 und 1860 durch die Rezeption der rechtstheoretischen Ideen des Jemeniten ash-Shaukânî (1760–1834) entstanden. Ihre Anhänger lehnten die Autorität der vier Rechtsschulen ab und erkannten nur Koran und Prophetentradition als verbindliche Grundlage für Kultus und Recht an, was zu einigen Sonderentwicklungen im Gebetsritual und im Eherecht führte. Ebenso wie die Wahhabiten lehnten sie Gräber- und Heiligenkult strikt ab. Der einheimische Vordenker dieser puristischen Richtung ist der bei Delhi geborene Shâh Walîyallâh (1703–1763), der nicht nur Zeitgenosse von Ibn ʿAbdalwahhâb war, sondern während seines einjährigen Studienaufenthalts in Medina auch bei zwei von dessen Lehrern hörte.

Während die religiösen Positionen der Ahl-i Hadîth also auf innerislamische Entwicklungen zurückgehen beziehungsweise dort ihre Parallelen haben, fällt die Phase der Entwicklung zu einer Denkschule von Bedeutung in Delhi und Bhopal in die Zeit nach 1860 und damit in eine Ära, die in Indien spürbar von der Präsenz der Briten geprägt ist. Im ausgehenden 19. Jahrhundert studierten verschiedene angehende wahhabitische ʿulamâʾ bei Gelehrten der Ahl-i Hadîth in Indien und bereiteten nach ihrer Rückkehr in den Najd mit der in Indien erlernten Skepsis gegenüber den Rechtsschulen der Ausweitung des Wahhabismus hin zum Salafismus den Boden.

Auch der Salafismus hat sich von der Arabischen Halbinsel aus in die Nachbarländer verbreitet und scheint dort vereinzelt sogar ohne saudischen Einfluss zur Bildung von Zirkeln und Organisationen geführt zu haben; erste Nachrichten über entsprechende – zunächst ganz unpolitische – Vereinigungen in Ägypten und im Sudan gehen auf die 1920er und 1930er Jahre zurück. Im Laufe der Jahre hat sich der Salafismus dort und anderswo mit dem Islamismus ägyptischer Prägung punktuell verschmolzen. Umgekehrt geriet auch der saudische Salafismus (sowie der dortige Wahhabismus) seit den 1960er Jahren durch einen Zustrom von Arabern in Bewegung, die vor der scharfen Verfolgung politisch-religiöser Aktivisten durch das nasseristische Regime in Ägypten und durch die syrischen und irakischen Baʿth-Regimes in Saudi-Arabien Asyl suchten. Die guten Verdienstmöglichkeiten beförderten diese Migration. Wegen der allgemein guten Bildung der Immigranten und ihrer Religiosität wurden sie schnell ins akademisch-religiöse System des Königreichs integriert und veränderten dieses bald, im Allgemeinen zugunsten des Salafismus. Durch die missionarischen Aktivitäten der Wahhabiten wurde auch die Ausbreitung des Salafismus gefördert. Das Spektrum salafistischer Gruppen reicht gegenwärtig von apolitischer Introvertiertheit und Kritik an revolutionärer Gewalt über Aktivismus (wie beim unten vorgestellten al-Albânî, Kapitel III.6) und politisches Engagement wie bei den Salafistenparteien Ägyptens (siehe Kapitel IV.2) bis hin zu Militanz bei jihadistisch-salafistischen Gruppen wie al-Qaida (siehe Kapitel IV.3).

Auch die deutsche salafistische Szene, der 2012 rund 4000 Anhänger zugerechnet wurden, ist stark ausdifferenziert. Prominente Beispiele für den jihadistisch-terroristischen Rand sind die «Kofferbomber» (Nordrhein-Westfalen, Juli 2006) und die im September 2007 verhaftete «Sauerlandzelle». Eine neue Entwicklung war das gewaltbereite Auftreten von salafistischen Demonstranten in Wuppertal am 1. Mai 2012 und wenige Tage später in Bonn; Anlass war eine Veranstaltung der rechtsextremen Kleinpartei «pro NRW» mit Muhammad-Karikaturen. Zwei Polizisten wurden durch Messerstiche aus den Reihen der Salafisten schwer verletzt. Obwohl die gesellschaftlichen und rechtlichen Vorstellungen des Salafismus nicht mit der deutschen Verfassung vereinbar sind, lehnt der überwiegende Teil seiner Anhänger Gewalt als Mittel zur Durchsetzung ihrer Ziele ab und beschränkt sich auf die Mission.

Zulauf bekommt die deutsche salafistische Szene aus einem

überschaubaren Kreis von Konvertiten und von in Deutschland
aufgewachsenen muslimischen Einwanderern der zweiten und
dritten Generation. Besonders bekannt ist der zum Islam salafistischer Prägung übergetretene, 1978 bei Köln geborene Pierre
Vogel, der sich durch jugendgerechte Rhetorik, flüssiges Arabisch und Quellenkenntnis auszeichnet. Vogel spricht sich gegen Gewalt aus, begründet dies aber eher mit taktischen Gründen und äußert gleichzeitig Verständnis für die Motive von Ge-
walttätern.

Der deutsche Salafismus profitiert davon, dass salafistisches
Gedankengut inzwischen auch in deutscher Sprache vorliegt,
dass der Salafismus sich als moralisch und intellektuell über-
legene Variante des Islams präsentieren kann und in einer
weltumspannenden, «entterritorialisierten» Gemeinde (*umma*)
Halt bietet. Das Internet hält diese Gemeinde mit einer salafistischen Kultur zusammen, die sich unter anderem in Sprache und
eigenem Liedgut ausdrückt.

3. Der koloniale Kontext des frühen Islamismus

Das Osmanische Reich

Mit dem Frieden von Karlowitz endete im Januar 1699 der
Große Türkenkrieg zwischen dem Osmanischen Reich und verschiedenen europäischen Staaten, der 1683 mit der zweiten Be-
lagerung Wiens begonnen hatte. Von nun an befand sich das
Osmanische Reich Europa gegenüber nur noch in der Defensive. Es reagierte unter anderem mit Militärreformen (ab 1793)
und Reformedikten (1839, 1856), die an europäischen Vorbil-
dern orientiert waren und von europäischen Mächten aus politischen und wirtschaftlichen Gründen forciert wurden. Durch
einen Staatsbankrott 1875 wurden die Anhänger eines konstitutionellen Systems so weit gestärkt, dass der im September
1876 inthronisierte Sultan ʿAbdülhamîd II. im Dezember desselben Jahres eine Verfassung für das Reich verkündete. Im
Gefolge des russisch-osmanischen Kriegs 1877–1878, der das
Reich an den Rand des Zusammenbruchs gebracht hatte, beendete ʿAbdülhamîd diese erste konstitutionelle Periode und ver-

schaffte sich eine absolutistische Stellung, vor allem auf Kosten der Bürokratie; Polizei, Zensur und Geheimdienste spielten dabei eine vorher nicht gekannte Rolle. Legitimiert wurden seine Maßnahmen durch die Aufwertung des Kalifentitels, den die Osmanensultane schon 1774 angenommen hatten. Dies war geschehen, um die Beschützerfunktion für die in europäischen Staaten lebenden Muslime zu begründen. ʿAbdülhamîd nutzte den Titel auf innen- und außenpolitischer Ebene in ganz neuer Weise. Den Anlass lieferte die Verkündung eines französischen Protektorats in Tunesien 1881 und die Umwandlung Äygptens in ein britisches Krypto-Protektorat 1882. Mithilfe von Sufi-Orden sollten die unterschiedlichen sunnitischen Ethnien – Türken, Araber, Kurden, Albaner usw. – geeint werden, und unter heterodoxen Gruppen in Anatolien, im Irak und im Jemen wurde für das sunnitische Bekenntnis geworben. Der Bau der Hijâz-Eisenbahn von Damaskus nach Medina und Mekka war im Jahr 1900 nicht zuletzt aus militärisch-strategischen Gründen begonnen worden, doch mit Mekka als Zielpunkt ließ sich auch ʿAbdülhamîds Rolle als Führer der islamischen Welt wirkungsvoll beweisen.

Das Wirken des Sultan-Kalifen auf innenpolitischer Ebene kann als ein Islamismus von oben bezeichnet werden, der sich tendenziell an Europa orientierte und das religiöse Establishment entmachtete. In Europa wurden ʿAbdülhamîds Bestrebungen vor allem unter außenpolitischem Blickwinkel gesehen und als «Panislamismus» bezeichnet. Der Erfolg außerhalb des osmanisch beherrschten Gebietes war begrenzt. Nach ʿAbdülhamîd, der 1909 abgesetzt wurde, flammte osmanischer Panislamismus noch einmal zu Beginn des Ersten Weltkriegs auf, als der höchste osmanische Religionsgelehrte den Jihad gegen Engländer, Franzosen und ihre Verbündeten ausrief. Geld und Personal aus Deutschland, darunter auch Orientalisten, unterstützten dieses Vorhaben, aber der «holy war made in Germany», wie man in England sagte, blieb ohne Resonanz.

Ägypten 1798 bis 1922

Die Entwicklungen, die zur Entstehung des Islamismus führten, sind nicht auf die arabische Welt beschränkt und innerhalb dieser auch nicht auf ein einzelnes Land. Aber Ägypten eignet sich für eine exemplarische Darstellung besonders gut: Es ist immer schon das bevölkerungsreichste arabische Land gewesen, hat eine Scharnierfunktion zwischen Vorderasien und Nordafrika und war europäischem Einfluss seit Beginn des 19. Jahrhunderts in besonderer Weise ausgesetzt. Und schließlich hat das Land bei der Entstehung des Islamismus eine herausragende Rolle gespielt.

Im Gefolge der französischen Okkupation Ägyptens in den Jahren 1798 bis 1801 wurde Muhammad ʿAlî, ein Albaner aus Mazedonien, 1805 vom Sultan zum osmanischen Gouverneur Ägyptens ernannt; seine Nachkommen nannten sich ab 1867 offiziell «Khedive», ab 1914 «Sultan von Ägypten» und seit 1922 König. Die Monarchie wurde 1953, also ein Jahr nach der Revolution des Komitees der Freien Offiziere, abgeschafft.

Muhammad ʿAlî (1805–1848) verfolgte eine merkantilistisch-monopolistische Wirtschaftspolitik, die die Öffnung des Landes für den Welthandel unter strikte staatliche Kontrolle stellen und Autarkie gewährleisten sollte. Diesen Bestrebungen und seinem militärischen Ausgreifen ins osmanische Syrien wurde durch vereinten osmanisch-europäischen Druck zwischen 1838 und 1841 ein Ende gesetzt. Seine Nachfolger Saʿîd (1854–1863) und Ismâʿîl (1863–1879) öffneten der europäischen wirtschaftlichen und kulturellen Durchdringung Ägyptens Tür und Tor, das Land wurde zu einem Investoren-Eldorado. Bei der Finanzierung des 1859 bis 1869 erbauten Suezkanals bewies Ismâʿîl einen eklatanten Mangel an Geschäftssinn, während der Urheber des Kanalprojekts Ferdinand de Lesseps sowie europäische Banken und Regierungen letztlich auf einen Bankrott Ägyptens hinarbeiteten, der 1876 tatsächlich eintrat. Im August 1878 wurde ein Engländer als Finanzminister eingesetzt, ein Franzose als Minister für Öffentliche Arbeiten. Ismâʿîls Aufbegehren führte im Folgejahr zu seiner Absetzung und Exilierung;

der vom Sultan in Istanbul eingesetzte Sohn Taufîq (1879–1892) sah sich 1881/82 mit der ʿUrâbî-Revolte konfrontiert. Diese Bewegung hatte ihre Ursache einerseits im Machtmonopol einer türkisch-tscherkessischen Elite, andererseits in der privilegierten Stellung europäischer Kaufleute und Investoren und allgemein in europäischer Dominanz, die dazu führte, dass der Großgrundbesitz begünstigt wurde und große Teile des Rechtswesens europäisiert wurden.

Britische Truppen beendeten den ʿUrâbî-Aufstand, der unter der Parole «Ägypten den Ägyptern!» geführt wurde, im September 1882 mit der Besetzung Ägyptens. Das Land wurde durch das System der indirekten Herrschaft faktisch zu einem britischen Protektorat, obwohl es rechtlich bis 1914 eine Provinz des Osmanischen Reichs blieb. In den folgenden vierzig Jahren wurde die ägyptische Wirtschaft nicht wesentlich verändert, sondern nur stärker auf die besonderen Interessen Englands ausgerichtet, etwa durch die Steigerung der Baumwollmonokultur und die Verhinderung der Entstehung einer lokalen Industrie. Die Ausgaben im Schulwesen wurden reduziert, um keine kritischen Köpfe heranzuziehen – um 1905 gab es nur drei staatliche Oberschulen. Der Gründung einer Universität widersetzten sich die Engländer bis 1908.

Die Verkündung des britischen Protektorats kurz nach dem Ausbruch des Ersten Weltkriegs war schon mit dem Hinweis auf spätere Autonomie verbunden gewesen. Unmittelbar nach Kriegsende überreichte eine Gruppe früherer Minister unter Führung von Saʿd Zaghlûl dem britischen Hochkommissar in Ägypten, Reginald Wingate, entsprechende Forderungen, die vom britischen Außenministerium aber brüsk zurückgewiesen wurden. In der Folge kam es zu Unruhen und Streiks, zur Deportation Zaghlûls und seiner Gefährten, zu einer Eskalation der Gewalt gegen britisches Personal, britische Einrichtungen und ausländische Geschäfte, zu erneuten Deportationen und schließlich im Februar 1922 zu einer einseitigen britischen Proklamation, die das Protektorat beendete und Ägypten zum unabhängigen Staat erklärte, allerdings auch einige einschneidende Einschränkungen der Souveränität zugunsten der Briten enthielt. Ägypten wurde zu einer parlamentarischen Monarchie mit starken königlichen Vorrechten.

Die Veränderungen, die das 19. Jahrhundert für Ägypten brachte, waren enorm. Der Ausbau der Infrastruktur unter Ismâ'îl bescherte dem Land Kanäle, Brücken, Häfen, Docks, Eisenbahnen und 15 000 Kilometer Telegraphenleitungen. Der Khedive richtete 1866 eine «Beratende Delegiertenkammer» ein, die zwar ohne weitere Befugnisse war, aber seit den späten 1870er Jahren ihr politisches Gewicht ausbauen konnte. Neue Typen von Bildungsinstitutionen hatte es schon unter Muhammad 'Alî gegeben, in erster Linie Berufsschulen für Offiziere, Ingenieure, Ärzte und Übersetzer. Unter Ismâ'îl übernahm der Staat die Kontrolle über eine große Zahl traditioneller Koran-Elementarschulen. Das staatliche oder staatlich kontrollierte Bildungswesen war vor allem für die turko-tscherkessische Elite gedacht, aber zunehmend bekamen auch ägyptischstämmige Jungen Zugang zu den Schulen. Eine staatlich kontrollierte Druckerei war schon von Muhammad 'Alî in den 1820er Jahren eingerichtet worden; private Verlage entstanden seit 1850, und die Zahl der Druckwerke in arabischer Sprache nahm zu, vor allem auch der Zeitschriften. Frei darf man sich diese Presselandschaft nicht vorstellen, aber die Entstehung einer politisierten Öffentlichkeit wurde nachhaltig befördert. Kurz nach dem Zwischenfall von Dinshawây im Jahr 1906, als der Tod eines britischen Offiziers drakonisch bestraft worden war, bildeten sich drei bedeutende nationalistische Parteien heraus, von denen die gemäßigte Nationalpartei (*Hizb al-Umma*) von Ahmad Lutfî as-Sayyid (er starb 1963) längeren Bestand hatte und letztlich in die Wafd-Partei Zaghlûls mündete.

Der soziale Wandel war schon unter Muhammad 'Alî drastisch, Fellachen wurden massenweise und mit brutalen Mitteln zur Arbeit an Bewässerungskanälen, in staatlichen Fabriken und zum langjährigen, manchmal lebenslangen niederen Militärdienst gezwungen. Beherrscht wurde das Land damals noch von einer kleinen osmanischen Elite. In den 1870er Jahren wurde das Türkische als Verwaltungssprache vom Arabischen abgelöst, die alte Elite hatte sich also ägyptisiert. Eine landbesitzende Schicht von ägyptischstämmigen Provinznotabeln hatte sich etabliert; die städtischen Händler waren allerdings durch die Entstehung einer Finanz- und Handelsbourgeoisie an den Rand gedrängt worden, die aus zugewanderten Levantinern und Angehörigen von lokalen religiösen Minderheiten bestand. Niedere und mittlere Religionsgelehrte (ʿulamâʾ) hatten kontinuierlich an Bedeutung verloren; die Zahl der traditionellen religiösen Schulen (*madrasas*) betrug im Jahr 1850 landesweit noch über fünfzig, zu Beginn des 20. Jahrhunderts waren es nur noch sechs. Dagegen hatte sich eine Schicht von Intellektuellen gebildet, die nur zum kleinsten Teil einen religiösen Hintergrund hatte. Der größere Teil der städtischen Bevölkerung bestand aus Kleinhändlern, Handwerkern, Dienstboten und Arbeitern. Die Ausländer stellten um 1900 einen Anteil von 10 Prozent an der städtischen Bevölkerung.

Im Gefolge dieser Umwälzungen bildeten sich drei idealtypische Orientierungen heraus, die die Frage nach dem Verhältnis von westlichem Gedankengut oder allgemein von Modernität und Islam jeweils unterschiedlich beantworteten: Traditionalismus, Reformismus und Modernismus – die Gruppe der islamischen Säkularisten, die ihren Islam als Privatsache ansieht, ist hier noch hinzuzudenken. Bis heute sind diese drei Bezeichnungen noch gut für eine Unterteilung eines Kontinuums von Einstellungen verwendbar, und dies nicht nur für Personen oder Gruppen aus Ägypten, sondern allgemein für die islamische Welt.

Die drei Orientierungen lassen sich folgendermaßen beschreiben: Ein *Traditionalist* sieht die religiöse Tradition einschließlich der Gelehrteninstitutionen im Wesentlichen positiv. Kritisch wird dagegen die westliche Moderne beurteilt, Missstände in der islamischen Welt werden mit deren Einflüssen erklärt. Insofern sehen etwa ägyptische Traditionalisten die Rolle Muhammad ʿAlîs und seiner Nachfolger in einem negativen Licht. Ein typischer Vertreter dieser Richtung wäre ein Angehöriger des Azhar-Gelehrtenstandes. Zur Frage der Polygamie etwa müsste er sagen, dass diese durch den Wortlaut des Korans

(Sure 4 Vers 3) grundsätzlich erlaubt ist und seit der Zeit des Propheten deshalb praktiziert wird.

Ein *Reformist* führt die beklagenswerte Lage der islamischen Welt auf Fehlentwicklungen schon ab einem recht frühen Zeitpunkt zurück; als solche sieht er Übernahmen aus fremden Kulturen (zum Beispiel die griechische Philosophie) und Willfährigkeit der Gelehrten gegenüber Despoten an. Die Übernahme europäischer Ideen seit dem 19. Jahrhundert sieht er ebenso kritisch wie der Traditionalist. Seine Lösung der Probleme besteht in der Reform des Islams durch eine Orientierung an der Frühzeit, die oft auf die Zeit Muhammads und der ersten vier Kalifen beschränkt wird. Zur Polygamie sagt er möglicherweise, dass sie durch den Koran ja nicht geboten sei. Vielmehr sei die koranische Erlaubnis von bis zu vier freien Ehefrauen als Zugeständnis an die menschliche Natur zu sehen, das aber durch die Bedingung strikter Gleichbehandlung aller Gattinnen durch den Mann eingehegt worden sei. Vordenker und Anhänger des Islamismus sind überwiegend Reformisten.

Der *Modernist* steht den Grundideen und Errungenschaften der westlichen Moderne prinzipiell positiv gegenüber und geht gleichzeitig von der Vereinbarkeit des Islams mit ihnen aus. Scheinbare Unverträglichkeiten gehen auf Fehlinterpretationen des Islams zurück. Viele technische Entwicklungen der Neuzeit sind für ihn bereits im Koran angedeutet. Die Polygamie ist ihm zufolge durch den Koran verboten, denn dieser fordert die Gleichbehandlung aller Ehefrauen (Sure 4 Vers 3), erklärt diese aber an anderer Stelle für unmöglich (Sure 4 Vers 129), und beide Stellen müssten zusammen gelesen werden.

Kolonialismus, Dekolonisation und Unabhängigkeit

Mit der einseitigen Verkündung der Unabhängigkeit Ägyptens durch die Briten im Jahr 1922 war deren Einfluss nicht beendet. Im gleichen Jahr gerieten mit der Bestätigung der Mandate durch den Völkerbund die arabischen Provinzen des Osmanischen Reiches überhaupt erst unter europäische Kontrolle: Syrien und der Libanon wurden Frankreich unterstellt, das aus den Provinzen Basra, Bagdad und Mossul bestehende Zweistromland wurde zum britisch kontrollierten Irak, Palästina und das hiervon bewusst abgetrennte Transjordanien gingen ebenfalls an Großbritannien. Libyen war schon 1911 von Italien okkupiert worden, Marokko 1912 zum spanischen und französischen Protektorat geworden. Somit waren im Jahr 1922 innerhalb der arabischen Welt nur noch das Gebiet des heutigen Saudi-Arabien und Teile des Jemen nicht unter europäischer Herrschaft.

Die Form der jeweiligen Herrschaftsausübung hing nicht nur vom Kolonialherren ab, sondern auch vom beherrschten Gebiet. Die Franzosen kontrollierten beispielsweise Algerien anders als Tunesien oder Marokko. Dabei nimmt Algerien als «überseeische Provinz» Frankreichs allgemein den Platz am einen Ende des Spektrums ein. Das Arabische wollte man hier mit Stumpf und Stiel ausrotten, und deshalb wurde es an den staatlichen Schulen gar nicht oder nur als «Fremdsprache» unterrichtet. Die Zahl der europäischen Siedler war hier mit Abstand am größten, sie betrug gegen Ende des Unabhängigkeitskrieges rund 1,4 Millionen. Am anderen Ende des Spektrums steht etwa ein Schutzstaat wie der Oman, in dem es keine Siedler gab und wo die britische Einflussnahme auf Kultur und Wirtschaft gering war.

Der antikoloniale Widerstand wurde bis in die 1920er Jahre nur punktuell unter islamischen Vorzeichen geführt. Im Gefolge von Versuchen des marokkanischen Sultans, westalgerische Gebiete zu annektieren, wurde ʿAbdalqâdir, Sohn eines lokalen Sufi-Ordensführers, 1832 zum Führer eines Jihad gemacht, der sich gegen die erst seit Kurzem präsenten und noch schwachen französischen Truppen richtete. Ende der 1830er Jahre beherrschte er große Teile West- und Zentralalgeriens; erst 1844 wurde er auf marokkanischem Boden von den Franzosen vernichtend geschlagen, und der Sultan musste ihm unter französischem Druck die Unterstützung entziehen. 1847 ergab er sich den Franzosen, saß eine Weile in Frankreich in Haft und verbrachte den Rest seines Lebens als Gelehrter in Damaskus.

Während ʿAbdalqâdirs Unternehmung noch ein verlängerter

Expansionsversuch des marokkanischen Sultans war, bei dem sich wegen der Anwesenheit von Europäern die Möglichkeit ergab, den Jihad auszurufen, so hatte der Widerstand von Ahmad as-Sanûsî gegen die Italiener in Libyen ab 1915 tatsächlich einen frühislamistischen Hintergrund. Sein Großonkel Muhammad Ibn ʿAlî as-Sanûsî (gestorben 1859) hatte, vom Wahhabismus beeinflusst und mit diesem konform in der Lehre der freien Urteilsfindung nur auf Grundlage von Koran und Prophetentradition, die Vision einer Rückkehr zum reinen Islam. Sein Ziel war es, etwas gegen die politische Schwäche der Muslime zu tun, die in den 1830er Jahren schon deutlich zu erkennen war. Er stammte aus dem Maghreb, hielt sich länger im Hijâz auf und gründete dort 1837 einen Sufi-Orden, die Sanûsîya. Ab 1843 installierte er ein ganzes Netz von Ordensniederlassungen auf dem Gebiet des heutigen Libyen, von der Mittelmeerküste bis tief in die Sahara. Der Großneffe Ahmad wurde vom osmanischen Sultan-Kalifen 1912 zum Stellvertreter auf libyschem Territorium erklärt und griff, von Deutschland und dem Osmanischen Reich ermutigt, 1915 die Briten auf ägyptischem Boden an, allerdings ohne Erfolg. Der Sanûsîya unter Leitung von Ahmads Cousin Idrîs blieb aber die Führungsrolle im Kampf gegen die Italiener. Er unterlag schließlich 1931. Nach der Unabhängigkeit Libyens 1951 wurde er zum König des Landes.

Der Kolonialismus ist nicht die alleinige Ursache für die Entstehung des Islamismus, genauso wenig wie er für alle Probleme der dekolonisierten arabischen und sonstigen islamischen Staaten verantwortlich ist. Zu seinen Wesensmerkmalen gehört aber, dass externe politische und ökonomische Interessen Vorrang haben, indem etwa die Kolonien zu Rohstofflieferanten gemacht wurden. Direkt oder indirekt werden auch kulturelle Selbstverständlichkeiten massiv in Frage gestellt. Das einschneidendste Ereignis der Kolonialgeschichte im arabischen Raum war die im November 1917 erlassene Balfour-Erklärung, in der den Juden die Gründung einer «nationalen Heimstätte» zugesichert wurde. Dabei sollten die Rechte bestehender nichtjüdischer Gemeinschaften gewahrt bleiben, was jedoch in katastrophaler Weise fehlschlug. Islamisiert wurde der Palästina-Konflikt 1928 durch Amîn al-Husainî, Mufti von Jerusalem, der die religiöse Bedeutung der Aqsa Moschee und des Felsendoms betonte, so wie es während der Kreuzfahrerzeit zu Saladins Zeiten schon einmal geschehen war. Fünfzig Jahre nach der Balfour-Deklaration erlitten die arabischen Staaten im Sechstagekrieg (5.–10. Juni 1967) eine schmähliche Niederlage, nicht nur durch die Eroberung des Westjordanlandes und des Gazastreifens, sondern auch durch die israelische Besetzung Jerusalems. Unabhängig von einer arabischen Mitverantwortung für die Entwicklung nach Gründung des Staates Israel im Mai 1948 versinnbildlicht für Muslime die Existenz Israels und sein Umgang mit der Bedrohung durch die arabischen Staaten die Kränkung der islamischen Welt durch den Kolonialismus mehr als alles andere.

Die Dekolonisation setzte nur in Ägypten bereits kurz nach dem Ersten Weltkrieg ein. Spät und vergleichsweise unproblematisch war sie im Gebiet der britischen Protektorate an der Golfküste, blutig und langwierig in Algerien, wo 1954 ein Kolonialkrieg ausbrach und 1962 beendet wurde, der auf algerischer Seite Hunderttausende von Opfern forderte. Die Folgen der kolonialen Eingriffe in Ökonomie und Gesellschaft beschäftigten das Land noch Jahrzehnte.

Die formal unabhängig gewordenen arabischen Staaten wurden über die längste Zeit ihrer Geschichte hin von – teils notdürftig maskierten – Militärdiktaturen beziehungsweise im Falle Marokkos und Jordaniens von absoluten Monarchien beherrscht. Für die Wirtschaftspolitik bedeutete dies, dass sie zur Stützung der schwachen Legitimität eingesetzt wurde und damit nicht unbedingt zum größeren Wohl der Allgemeinheit. Sozialistische Fehlplanung – beispielsweise in Gestalt nicht zukunftsfähiger Industrialisierungsprojekte – sowie Korruption taten ein Übriges. Die wirtschaftliche und gesellschaftliche Entwicklung war also alles in allem – sogar in Staaten wie Algerien mit seinen großen Erdöl- und Erdgasexporten – in hohem Maße negativ. Das enorme Bevölkerungswachstum hat dazu geführt, dass die erheblichen Anstrengungen im Bildungsbereich bei weitem nicht ausreichten. Die Beschäftigungslosigkeit besonders unter Jugendlichen ist bis heute immens, und seit den 1990er Jahren ist im Vorderen Orient und in Nordafrika die Einkommensungleichheit stärker gewachsen als in Südasien, Lateinamerika und im subsaharischen Afrika. Die wirtschaftlichen und sozialen Missstände begünstigen den Islamismus, weil einerseits die Verantwortung bei Regierungen liegt, die nicht als sehr «islamisch» angesehen werden, und weil andererseits der sozialen Gerechtigkeit in der islamistischen Vision ein hoher Stellenwert beigemessen wird.

III. Prägende Exponenten

I. Al-Afghânî und Rashîd Ridâ

Jamâl ad-Dîn al-Afghânî (1838–1897) stammte nicht, wie der angenommene Name es glauben machen sollte, aus Afghanistan, sondern war Spross einer schiitischen iranischen Familie und wuchs auch in Iran auf. Er war ein Aktivist, dessen Leben von einer starken Abneigung gegen direkte oder indirekte Beherrschung islamischer Länder durch die Briten geprägt war. Dabei hat er vor allem panislamische und modernistische Ideen vertreten. Im Folgenden sollen die wichtigsten Stationen seines rastlosen Lebens nachgezeichnet werden.

Noch vor seinem zwanzigsten Geburtstag besuchte er Indien und wurde Augenzeuge der blutigen Niederschlagung des antikolonialen Sepoy-Aufstands durch die Briten im Jahr 1857/58. Ein Aufenthalt in Afghanistan endete 1868 wegen seiner antibritischen Umtriebe mit der Ausweisung. Über Kairo reiste er 1869 nach Istanbul, das er aber ebenfalls bald verlassen musste, diesmal wegen seiner allzu freigeistigen Ansichten. Ab 1871 lebte er in Kairo, unterstützt von einem staatlichen Stipendium. Nachdem der Khedive Ismâ'îl im Jahr 1879 durch Taufîq ersetzt worden war, wies ihn dieser wegen seiner antibritischen Reden wiederum aus. Danach lebte al-Afghânî zwei Jahre im südindischen muslimischen Fürstentum Haiderabad und begab sich danach über London nach Paris, wo er zusammen mit seinem Schüler Muhammad 'Abduh die arabische Zeitschrift *al-'Urwa al-Wuthqâ* («Das festeste Band») herausgab, die gratis an Intellektuelle in der ganzen islamischen Welt verschickt wurde, aber auf Anweisung der Briten nicht nach Ägypten und Indien eingeführt werden durfte. Schon nach einem knappen Jahr stellte sie ihr Erscheinen wieder ein. Bei einem Besuch in London 1884 gelang es ihm nicht, die britische Politik zu einem Rückzug aus Ägypten und dem Sudan zu bewegen. 1886 reiste

er über Iran nach Russland, wo man sich jedoch nicht auf seine
antibritischen Pläne einlassen wollte. Ab 1890 engagierte er
sich, wieder in Iran angekommen, gegen die Handelskonzessio-
nen, die der Qajaren-Schah an Europäer vergab. 1892 wurde er
vom osmanischen Sultan ʿAbdülhamîd II. nach Istanbul einge-
laden. Dahinter steckte weniger die gemeinsame panislamische
Sache als sehr konkret das Bestreben des Sultans, die erfolgreiche Propaganda zu bekämpfen, die der Schah im osmanischen Irak für den schiitischen Glauben betrieb. Die Beziehung
zwischen dem Sultan und al-Afghânî kühlte bald ab. Ein ira-
nischer Schüler des Aktivisten ermordete 1896 Schah Nâser
ad-Din, al-Afghânî wurde eine direkte oder indirekte Mitschuld
gegeben. Dass er nicht nach Iran ausgeliefert wurde, lag daran,
dass der Sultan ihn im Istanbuler Hausarrest für unschädlicher
hielt als anderswo. 1897 starb er in Istanbul an Krebs.

Die Annahme des sunnitisch klingenden Namens, die seine
schiitische Herkunft verschleierte, war die Voraussetzung für
sein panislamisches Wirken, das nur unter sunnitischen Vorzeichen Aussicht auf Resonanz hatte. Dabei war al-Afghânî
genauso wenig der erste Vertreter dieser Idee wie sein zeitwei-
liger Gönner ʿAbdülhamîd; sie lag in der Luft und war schon
vor ʿAbdülhamîds Thronbesteigung von jungosmanischen Intellektuellen unter dem Schlagwort «Einheit des Islams» (*Itti-
hâd-i Islâm*) in Umlauf gebracht worden. Im Kern handelt es
sich um den einfachen Gedanken, dass durch das Zusammen-
stehen aller Muslime und aller muslimischen Mächte dem
Vordringen Europas Einhalt geboten werden könnte. Etwaige
innenpolitisch-gesellschaftliche Implikationen eines politisierten Islams blieben für al-Afghânî immer dem antiimperialistischen Ziel untergeordnet und interessierten ihn nur insoweit,
als er technisch-wissenschaftliche Bildung befürwortete. Für
die breite Masse der Muslime sollte nach seiner Auffassung
weiterhin das tradierte Religionsgesetz bestimmend sein; seinen
Schülern vermittelte er dagegen einen freidenkerischen, elitären
Glauben.

Der Panislamismus spielt bis heute, in Gestalt von saudisch
unterstützten Organisationen (siehe Kapitel II.2) oder durch

das kollektive Bewusstsein der Gemeinschaft aller Muslime (*umma*), eine große Rolle. Die Erwartungen, die al-Afghânî an ihn knüpfte, erfüllten sich aber bei weitem nicht. Größere Bedeutung erlangte der Aktivist durch seine Schüler. Mit ihnen zusammen verkörpert er den Salafîya-Islam, dem auch andere Personen zugerechnet werden, die nicht al-Afghânîs Zirkel angehörten. Benannt ist diese Richtung nach einem Kairiner Verlag mit angeschlossener Buchhandlung (*al-Matba'a as-Salafîya wa-Maktabatuhâ*). Trotz einiger Berührungen mit dem Salafismus steht der Salafîya-Islam heute eher für modernistische Ideen und weniger für salafistische oder solche, die direkt in den Islamismus eingegangen sind.

Der bedeutendste Schüler al-Afghânîs war Muhammad 'Abduh (1849–1905), der aus Unterägypten stammte. 1866 begann er sein Studium an der Azhar, und im Jahr 1870 begegnete er in Kairo al-Afghânî. Dieser machte ihn mit seiner Sicht des durch Verkrustung und Despotie bedingten Niedergangs der islamischen Welt vertraut, ließ ihm privat eine solide Bildung in islamischer Theologie und Philosophie zukommen und verschaffte ihm auch noch Einblick in europäisches Denken. 'Abduh übernahm 1877 eine Dozentur an der Azhar. 1882 wurde er wegen Unterstützung des 'Urâbî-Aufstands verbannt und verbrachte sechs Jahre im Ausland, unter anderem in Beirut und Paris, doch insgesamt kann man ihn als gemäßigten Nationalisten bezeichnen. Nach seiner Rückkehr nach Ägypten trat er ein Richteramt an, stieg im Justizwesen weiter auf und wurde 1899 auf das höchste juristisch-religiöse Amt des Landes berufen, das des obersten Mufti von Ägypten. Er befürwortete auf lange Sicht ein parlamentarisches System, sprach sich aber wegen mangelnder Reife des «Orients» zunächst für eine aufgeklärte Despotie aus. Mit der Azhar überwarf er sich, weil ihn diese Institution als zu philosophie- und literaturfreundlich und zu wenig religiös ansah. Diese Einschätzung ist nachvollziehbar, 'Abduh muss eindeutig als Modernist bezeichnet werden. Beispielsweise stammt die Auffassung, dass der Koran in der Kombination von Vers 3 und Vers 129 von Sure 4 die Polygamie

verbietet, von ihm. Für die Entwicklung des Islamismus ist er
vor allem durch seinen Meisterschüler Rashîd Ridâ von Bedeutung.

Muhammad Rashîd Ridâ (1865–1935) wurde in einem Dorf
bei Tripoli im Libanon geboren und besuchte in Tripoli die
Schule eines mit europäischem Gedankengut vertrauten re-
formistischen Religionsgelehrten namens Husain al-Jisr. Die
Ideen von al-Afghânî hatte er durch die Zeitschrift *al-ʿUrwa
al-Wuthqâ* kennengelernt. Ende 1897 ging er nach Ägypten und
wurde schnell zu ʿAbduhs Vertrautem. Bereits im März 1898
gründete er die erst wöchentlich, später monatlich erscheinende
Zeitschrift *al-Manâr*, «Der Leuchtturm», die noch fünf Jahre
über seinen Tod hinaus erschien und für die Verbreitung von
Modernismus und Reformismus eine große Bedeutung hatte.
Sie enthielt Leitartikel, Buchbesprechungen, Rechtsgutachten,
Briefe von Korrespondenten aus der ganzen islamischen Welt,
Berichte über Rashîd Ridâs Reisen sowie einen von Muhammad ʿAbduh in Vorlesungen vorgetragenen Korankommentar,
der bei Sure 4 abbrach und von Rashîd Ridâ selbst bis Sure 12
fortgeführt wurde. Bildung hatte für ihn oberste Priorität, und
1912 gründete er eine Schule namens «Haus für Mission und
Leitung» (*Dâr ad-daʿwa wa-l-irshâd*), an der bis zu ihrer Schlie-
ßung zu Beginn des Ersten Weltkriegs Schüler aus der ganzen
islamischen Welt unterrichtet wurden. Nach ʿAbduhs Tod engagierte sich Rashîd Ridâ auch politisch, unter anderem durch die
Gründung von Geheimgesellschaften, wobei durch die histori-
sche Entwicklung sein Panislamismus zum Teil eine panarabi-
sche Orientierung bekam.

In unserem Zusammenhang ist das von ihm entworfene Mo-
dell eines islamischen Staates wichtig, der im späteren Islamismus eine so zentrale Stellung einnehmen sollte. Dieser Entwurf
findet sich in seinem Buch *Das Kalifat oder Groß-Imamat*, das
1923, also kurz *nach* Abschaffung des Sultanats in der Türkei
1922 und kurz *vor* der Abschaffung des Kalifats 1924, erschien.
Für Rashîd Ridâ ist das Kalifat durch Konsens, Prophetentraditionen und die klassische politische Theorie verbindlich ge-

fordert. Die Anforderungen an Bildung und Charakter eines Kalifen hält er für außerordentlich hoch. Von diesem idealen Kalifat unterscheidet er die Kalifen in der historischen Realität, die er negativ beurteilt: Den besseren unter ihnen hätte man gehorcht, weil die Alternative das Chaos gewesen wäre. Er lässt dann die Kandidaten Revue passieren, die zu seiner Zeit für das Amt in Frage kamen, und kommt zu dem Schluss, dass das Amt mangels geeigneter Bewerber nicht besetzt werden könne. Davon unberührt sind aber seine Ausführungen über den «islamischen Staat» beziehungsweise eine «islamische Regierung», denn dazu brauche man keinen Kalifen.

Die Souveränität des Volkes sieht er als gegeben an, wenn das Prinzip der Konsultation zwischen Herrscher und Untertanen (*shûrâ*) eingeführt sei und die klassischen Bestimmungen zum Widerstandsrecht gegen Ungerechtigkeit respektiert würden. Ohnehin sei die tragende Rolle der Religionsgelehrten (*ʿulamâ*) als der natürlichen Repräsentanten des Volkes ja ein Garant für Demokratie. Die Gesetzgebung fällt nach Rashîd Ridâ in die Zuständigkeit der «Entscheider» (*ahl al-hall wa-l-ʿaqd*). Wie diese ausgewählt werden, sagt er zwar nicht, aber die *ʿulamâ* gehören maßgeblich dazu. Die Scharia spielt eine wichtige Rolle, vor allem dort, wo der Koran eindeutig ist (etwa in Teilen des Strafrechts), und bei den kultischen Pflichten, weil man sich bei ihnen auf breit überlieferte Prophetentradition berufen kann. Für alle anderen, im Koran nicht klar geregelten Bereiche muss die Prophetentradition einer Einzelfallprüfung unterzogen werden. Der Gesichtspunkt des Gemeinwohls (*maslaha*) nimmt einen vorher nicht gekannten hohen Stellenwert ein, und es besteht die Möglichkeit, aus den Bestimmungen der verschiedenen Rechtsschulen auszuwählen (*talfîq*). All dies sind recht unkonventionelle Elemente, die zwar an vormoderne Bezeichnungen beziehungsweise Konzepte anknüpfen, sie aber deutlich verändern. Die Notwendigkeit positiven Rechts, also der bis heute von Islamisten oft angefeindeten «menschengemachten Gesetze», wird von Rashîd Ridâ noch selbstverständlich anerkannt.

Seit 1924, dem Jahr, als sich der Scherif Husain von mekkanischen Notabeln zum Kalifen ausrufen ließ, zeigte Rashîd Ridâ deutliche Sympathien für die Wahhabiten und blieb damit auf der Seite der Sieger. Außerdem pflegte er enge Kontakte zu den indischen Ahl-i Hadîth. Seine geringschätzige Haltung gegenüber dem Christentum (das bei ihm stellvertretend für Europa steht) ist schon zwei Jahrzehnte früher erkennbar. Er versuchte mit allen Mitteln, die haushohe Überlegenheit des Islams nachzuweisen, sogar dann, wenn er damit das Jesusbild des Korans ignorieren musste. Alles, was an akzeptablen Ideen aus Europa kommt, habe Europa letztlich dem Islam zu verdanken.

Rashîd Ridâs Grundhaltung ist unter dem Strich eher reformistisch als modernistisch: Es geht ihm nicht darum, westliche Ideen und Institutionen mit einem islamischen Anstrich zu versehen, sondern er will dem Islam in Anlehnung an die Tradition zu neuer Geltung verhelfen.

2. Hasan al-Bannâ, Gründer der Muslimbruderschaft

Der Aktivist al-Afghânî hat den Islam als antikoloniale Waffe propagiert, Rashîd Ridâ, erfolgloser Politiker, bekannter Laiengelehrter und Publizist, hat reformistische Positionen, Stellungnahmen zu Einzelfragen sowie die Skizze eines islamischen Staates entwickelt. Sie waren aber beide keine einsamen Vordenker, sondern besonders sichtbare Exponenten von Strömungen, die sich zwischen Indonesien und Marokko herausbildeten. Es heißt auch, dass ihre Bedeutung zu ihren Lebzeiten geringer gewesen sei als Jahrzehnte später, als man sie – besonders in der arabischen Welt – für die Ahnengalerie von Antiimperialismus und Islamismus entdeckte. Anders verhält es sich mit Hasan al-Bannâ (1906–1949), der die Muslimbruderschaft im Alter von dreiundzwanzig Jahren gründete und sie im Laufe seines kurzen Lebens in Ägypten zu einer Massenbewegung machte, die noch heute die wichtigste einzelne politische Größe des Landes ist; eine bedeutende Rolle spielt sie auch in anderen Ländern der arabischen Welt. Die Rolle al-Bannâs ist damit einzigartig.

Hasan al-Bannâs Vater war ein gelernter Uhrmacher, der auch über einige religiöse Bildung verfügte. Er heiratete 1904 die Tochter eines Stoffhändlers und zog aus einem Dorf im nordwestlichen Nildelta in die Kleinstadt al-Mahmûdîya, wo 1906 sein ältester Sohn Hasan geboren wurde. Weitere sieben Kinder folgten. Wegen seiner Schreib- und Lesekenntnisse wurde der Vater ins Amt eines Vorbeters und Freitagspredigers bestellt. Als Laiengelehrter verfasste er mehrere Bücher, darunter auch drei zur Prophetentradition.

Hasan al-Bannâ wurde im Alter von neun Jahren auf eine private religiöse Schule geschickt, deren Curriculum über das Auswendiglernen des Korans hinausging. 1918 wechselte er an die staatliche Schule in al-Mahmûdîya, die außer religiösen Inhalten auch praktisches Wissen vermittelte; daneben arbeitete er in der Uhrmacherwerkstatt des Vaters. Es ist bemerkenswert, dass er schon in dieser Phase seines Lebens einen Verein zur Unterbindung unislamischen Verhaltens gründete, der sich mit warnenden Briefen und Anzeigen – etwa wegen der Beschäftigung einer Tänzerin in einem Café – zwar einige Anerkennung, aber auch Ärger einhandelte.

Im Alter von dreizehn Jahren wechselte er an das Grundschullehrerseminar in der Provinzhauptstadt Damanhûr, wo er enge Verbindungen zum gemäßigten Hasâfîya-Sufi-Orden pflegte, einem lokalen Ableger des großen Shâdhilîya-Ordens. Zusammen mit Freunden gründete er eine Hasâfitische Wohltätige Gesellschaft, die eine Mischung aus Sufi-Orden und modernem Verein war. Zweck war vor allem das Eintreten für eine streng islamkonforme öffentliche Ordnung und das Eindämmen der Aktivitäten von evangelikalen Missionaren vor Ort.

Nach dem Abschluss ging er in die Landeshauptstadt Kairo, um die Dâr al-ʿulûm zu besuchen; diese Lehrerbildungsanstalt war 1872 gegründet worden, um Azhar-Studenten für das Lehramt an den staatlichen Hauptschulen zu qualifizieren. Fremdsprachen hat al-Bannâ allerdings weder hier noch jemals später erlernt; auch am vielfältigen kulturell-intellektuellen Leben Kairos nahm er nicht teil, sondern fühlte sich von dem verbrei-

teten westlichen Lebensstil in der Metropole abgestoßen. Von
Kontakten mit Rashîd Ridâ, der damals an der Dâr al-ʿulûm
lehrte, ist nichts bekannt, wohl aber von solchen zum Leiter
der Salafîya-Buchhandlung, Muhibb ad-Dîn al-Khatîb. Daneben war er in Vereinigungen für islamische Lebensführung aktiv.

Nach dem erfolgreichen Abschluss der Dâr al-ʿulûm wurde
er mit einundzwanzig Jahren als Lehrer an eine Schule in Ismailia geschickt, einer Stadt in der Suezkanal-Zone, die eine große
britische Militärbasis und den Verwaltungsapparat der Suez-
kanal-Gesellschaft beherbergte. Dort stach ihm der große
Kontrast zwischen den wohlhabenden Quartieren der Europäer
und den ärmlichen arabischen Wohnvierteln ins Auge. Schon
in Kairo hatte Hasan al-Bannâ mit anderen Gesinnungsgenos-
sen Kurzpredigten in Kaffeehäusern gehalten. Dies setzte er in
Ismailia fort, weniger kritisch mahnend als für die einigende
und reinigende Sache des Islams werbend. Kurz war er auch
Mitglied des Muslimischen Vereins Junger Männer (YMMA),
der, organisatorisch am CVJM beziehungsweise YMCA, der
Young Men's Christian Association, orientiert, eine zugleich nationalistische und panislamische Weltanschauung propagierte.

Schließlich gründete er zusammen mit Gefährten im Frühjahr 1928 die Vereinigung der Muslimischen Brüder (*Jamʿîyat
al-Ikhwân al-Muslimîn*), kurz Muslimbruderschaft. Deren Ziele
unterschieden sich nicht wesentlich von denen der YMMA, nur
wurde das pädagogische Moment viel stärker betont. Dabei
mögen die erzieherischen Aktivitäten der christlichen Kirchen
und Organisationen in Ägypten und in der Levante ebenso
Vorbild gewesen sein wie etwa das 1912 von Rashîd Ridâ gegründete Haus für Mission und Leitung. In angemieteten Räumen unterrichtete vor allem al-Bannâ selbst. Das Programm
war bodenständig-fromm und unintellektuell; strittige Fragen
wie seine nie geleugnete Nähe zum Sufismus wurden im Interesse der Einheit und Einigkeit eher heruntergespielt. Das Geld
kam von den Mitgliedern und lokalen Notabeln; die Organisation wurde 1930 als wohltätiger Verein offiziell registriert. 1931
wurde eine eigene Moschee eröffnet, ein Klub und eine Jungen-
schule folgten, im Jahr darauf auch eine Mädchenschule.

1932 wurde al-Bannâ auf eigenen Wunsch an eine Hauptschule in Kairo versetzt. Das Hauptquartier der Organisation zog mit. Deren Ziele blieben der Auf- und Ausbau sowie Mission und Indoktrination nach innen; neu hinzu kamen das Feld der organisationseigenen Publikationen, die «Allgemeinen Konferenzen» und regelmäßige Dienstagsgespräche. Aus der karitativen Vereinigung mit sufischen Tendenzen wurde jetzt eine straff geführte Massenbewegung mit den Zügen einer politischen Partei. Die zentrale Rolle spielte bis zu seinem Tod al-Bannâ, der ab 1935 auch das Amt des Obersten Führers (*al-murshid al-ʿâmm*) innehatte und dem höchsten Gremium, dem Obersten Amt für Leitung, vorsaß. Die stärkste Resonanz hatten die Muslimbrüder in der sich neu herausbildenden muslimischen Mittelschicht, wie al-Bannâ selbst sie nach Herkunft und Bildung verkörperte. Die Bewegung blieb aber auch gegenüber der Unterschicht und Universitätsstudenten offen; einige Religionsgelehrte schlossen sich ihr ebenfalls an.

Nach dem Umzug in die Hauptstadt unternahm Hasan al-Bannâ Rundreisen durch Ägypten, um neue Zweigorganisationen zu betreuen und Provinznotabeln der Organisation gewogen zu machen. Auch Mitglieder wurden auf solche Sommertouren geschickt. Die Zahl der Zweigniederlassungen wuchs von fünfzehn Mitte 1933 auf über hundert im Jahr 1936 an. In dieser Zeit wurden auch erste Kontakte zum arabischen Ausland geknüpft, wo sich durch heimgekehrte Studenten ebenfalls Filialen gebildet hatten. Ab dem Beginn des arabischen Aufstands in Palästina 1936 engagierten sich die Muslimbrüder mit Massendemonstrationen und Spendenaktionen für die palästinensische Sache und wurden seitdem von der Polizei beobachtet.

Die Kernanliegen der Organisation, islamische öffentliche Ordnung und Antikolonialismus, berührten von Anfang an die Sphäre des Politischen. Ab 1938 wurde eine aktive Einmischung von al-Bannâ offensiv propagiert; er verkündete öffentlich, dass die Muslimbrüder mit all den Führern und Organisationen im Krieg lägen, die sich nicht daran beteiligten, den Islam wieder zu altem Glanz und neuer Vorherrschaft zu führen. Parteipolitik

wurde als Hindernis auf dem Weg zur nationalen Einheit abgelehnt, angesichts der damaligen Realitäten im Parlament eine
Auffassung, die von breiten Kreisen geteilt wurde. Im Mai 1938
wurde die Wochenzeitung *an-Nadhîr*, «Der Warner», gegründet, die vor allem an Mitglieder gerichtet war. Aus dieser Zeit
stammt auch das Emblem der Bruderschaft, das zwei gekreuzte
Schwerter und den Koran zeigt.

In den 1930er Jahren entstanden in Ägypten und in der übrigen islamischen Welt – ähnlich wie in Europa – viele pfadfin-
derartige Organisationen; die Zahl der zur Wafd-Partei gehö-
renden «Blauhemden» betrug um die 30 000. Die entsprechende
Organisation der Muslimbrüder hieß «Wanderer» (*Jawwâla*).
Neben die üblichen Aktivitäten von Pfadfindern traten bei
ihnen noch religiöse Instruktion und litaneihafte Gebete. Der
militärische Drill war bei ihren Einsätzen als Ordnungskräfte
und Nothelfer von Nutzen; ihre Zahl betrug 1941 mehrere Tausend. Der konspirative Aufbau von paramilitärischen Brigaden
ab 1937 war weniger erfolgreich.

Hasan al-Bannâs immer deutlichere Stellungnahmen gegen
Imperialismus und ausländischen Einfluss, für islamisches
Recht und für eine Verstaatlichung des Suezkanals führten 1941
in einer für Großbritannien angespannten Situation zu seiner
kurzfristigen Versetzung an eine Schule in der oberägyptischen
Provinz und dann zu seiner Verhaftung. Die Publikationen der
Organisation wurden ebenso verboten wie die Treffen der Mit-
glieder. Eine Petition mit 11 000 Unterschriften von Fürspre-
chern aus dem ganzen Land führte aber bald zu seiner Frei-
lassung. Bei den Parlamentswahlen vom März 1942 wollte
al-Bannâ neben anderen hochrangigen Muslimbrüdern kandi-
dieren, ließ sich aber gegen politische Zugeständnisse (striktere
Kontrolle der öffentlichen Ordnung, Erleichterungen für die
Muslimbrüder) davon abbringen. Auch ein zweiter Versuch im
Januar 1945, Zugang zum Parlament zu bekommen, verlief im
Sande. In dieser Zeit verließ al-Bannâ wegen starken britischen
Drucks den staatlichen Schuldienst.

Die Muslimbruderschaft hat sich in den letzten Kriegs- und
ersten Nachkriegsjahren reorganisiert und ihre Aktivitäten aus-

geweitet. Das «Familiensystem» schloss kleine Gruppen von
Mitgliedern zu Zellen zusammen, die aber strikt in die vertikale
Hierarchie eingebunden blieben. Die Frauenorganisation wurde
1944 umgebildet; 1948 hatte sie fünfzig Filialen mit 5000 Mitgliedern. 1945 war neben anderen neuen Schulen und Kinder-
gärten eine Mädchenschule in Kairo gegründet worden. Im
November 1944 entstand eine medizinische Abteilung, die etliche Kliniken und Apotheken betrieb. Sogar Fabriken wurden
gegründet, nicht zuletzt um den Mitgliedern in der schwierigen
Nachkriegszeit Arbeitsplätze zu bieten. Die Zahl der Mitglieder
und Unterstützer war Mitte der vierziger Jahre stark angewach-
sen: Während sie für 1936 auf 20000 geschätzt wird, soll sie bis
1944 auf eine halbe Million angestiegen sein. Sicherer zu ermit-
teln ist die Zahl der Filialen, die im gleichen Zeitraum von hundert auf mindestens tausend anwuchs. Am Ende dieser Entwicklung war die Muslimbruderschaft zu einer Organisation
mit Schwerpunkt in den Provinzstädten geworden, die aus der
Hauptstadt gelenkt wurde.

Eine bedeutsame Neuerung, die bereits aus dem Jahr 1940
datiert, war der Geheime Apparat (*al-Jihâz as-Sirrî*); ähnliche
Ableger hatte es schon in vielen politischen Parteien von der
Wafd- bis hin zur Nationalpartei gegeben. Über seine Existenz
waren vor 1948 nur wenige Mitglieder informiert; sein Zweck
war die Durchführung gewaltsamer Aktionen, wie die Ausbildung an Feuerwaffen und das Anlegen von Waffendepots zeigen. Aber erst nach Kriegsende kam es zu ersten Anschlägen
nicht nur auf britische Einrichtungen, sondern auch auf Be-
hörden und Regierungsangestellte. Anhänger der Wafd-Partei,
der Muslimbrüder und anderer Parteien lieferten sich in dieser
Zeit Straßenschlachten. Nach Unruhen in Kairo im November
1946 kam es zu Verhaftungen in allen Lagern. Im März 1948
wurde ein Richter ermordet, der einen militanten Muslimbruder verurteilt hatte. Vor und nach der Proklamation des Staates
Israel im Mai 1948 beteiligten sich Muslimbrüder aktiv am
Kampf in Palästina, wozu al-Bannâ schon im Oktober 1947
aufgerufen hatte. Israelische Luftangriffe während des ersten
arabisch-israelischen Kriegs im Juni und Juli 1948 auf Kairo

führten zu Anschlägen auf Juden und jüdische Einrichtungen in Kairo, die auf das Konto der Muslimbrüder gehen dürften. Im Dezember 1948 wurde der Polizeichef von Kairo bei bewaffneten Zusammenstößen getötet. Unmittelbar danach wurde die Muslimbruderschaft aufgelöst, was mit den terroristischen Aktivitäten der «Wanderer» begründet wurde. Deren Zahl lag damals bei rund 40000. Am 28. Dezember wurde Premierminister Nuqrâshî Pasha von einem studentischen Mitglied der Muslimbrüder umgebracht. Rund sechs Wochen später, am 12. Februar 1949, kam Hasan al-Bannâ im Alter von zweiundvierzig Jahren durch ein Attentat ums Leben, das aller Wahrscheinlichkeit nach von der Geheimpolizei ausgeführt wurde.

Hasan al-Bannâ hat seine Botschaft in Sendschreiben, Fetwas, Zeitschriftenartikeln und Reden verbreitet. Der ideale islamische Staat, der ihm vorschwebte, sollte durch eine konstitutionelle, konsultative (*shûrawî*) Regierung geführt werden. Eine Erbmonarchie war im Prinzip nicht vorgesehen, aber entscheidende Vorbehalte gegen den Khediven Fârûq hatte er nicht. Die politischen Parteien sollten aufgelöst werden; das Gremium, mit dem sich der Herrscher zu beraten hatte, dachte er sich als aus Vertretern aller gesellschaftlichen Gruppen und Vereinigungen sowie Experten zusammengesetzt. Man fühlt sich bei all diesen Vorstellungen an die Ideen Rashîd Ridâs aus seinem Kalifatsbuch erinnert. Zwar war die «Anwendung der Scharia» eine seiner Forderungen, aber der Pluralität und Flexibilität des islamischen Rechts war er sich bewusst, ebenso der in Ägypten weitverbreiteten Distanz zu den koranischen Körperstrafen. Der Staat sollte eine soziale Wirtschaftsordnung durchsetzen, die er aber kaum konkretisiert hat.

Wesentlich wichtiger als sein politisch-gesellschaftliches Programm ist die Leistung, innerhalb von wenig mehr als zwanzig Jahren eine streng organisierte Massenbewegung ins Leben zu rufen, die in dieser Form in der älteren islamischen Tradition keine Vorbilder hatte. Anleihen beim sufischen Ordenswesen sind gerade noch erkennbar, viel bedeutender ist aber die Orientierung am in den 1920er Jahren blühenden ägyptischen Vereinswesen, an westlich-christlichen Organisationen wie dem YMCA und an politischen Parteien, einschließlich der faschistischen und marxistisch-leninistischen Massenparteien Europas. Die Muslimbruderschaft hat ihre Breitenwirkung wohl nur wegen ihres eher unbestimmten Programms entfalten können, aber eben diese Breitenwirkung hat dem Islamismus immensen Auftrieb gegeben. Die weitere Geschichte der Organisation nach Hasan al-Bannâ wird in Kapitel IV.1 behandelt.

3. Sayyid Qutb, Ideologe des radikalisierten Islamismus

Während Hasan al-Bannâs Lehre Streitfragen vermied und insgesamt konturschwach war, was den Aufbau einer Massenbewegung erst ermöglichte, besteht die Leistung des Ägypters Sayyid Qutb in einer intellektuell und ästhetisch für viele seiner Leser sehr anziehenden, ausdifferenzierten Ideologie.

Sayyid Qutb kam am 9. Oktober 1906 in Mûshâ, einem Dorf in der oberägyptischen Provinz Assiut, als zweites von fünf Kindern zur Welt. Die elterliche Familie war nicht schlecht gestellt, musste aber wegen schwieriger werdender Umstände ihren Landbesitz nach und nach verkaufen. Sein Vater legte zwar Wert auf religiöse Bildung, doch wurde Sayyid auf eine staatliche Hauptschule geschickt und nicht auf eine Koranschule.

Im Alter von fünfzehn Jahren zog er zu einem Verwandten nach Kairo, absolvierte dort eine Grundschullehrerausbildung und danach die Hauptschullehrer-Ausbildungsstätte Dâr al-'ulûm, durchlief also die gleiche Ausbildung wie Hasan al-Bannâ. Er arbeitete dann – ebenfalls wie dieser – ein halbes Jahrzehnt als Lehrer und schlug 1940 eine Beamtenlaufbahn im Bildungsministerium ein. Bis zu diesem Zeitpunkt war seine Orientierung liberal; beispielsweise war er kurz nach der Übersiedlung nach Kairo der Wafd-Partei beigetreten. Durch den von ihm bewunderten Intellektuellen 'Abbâs Mahmûd al-'Aqqâd (1899–1964) kam er mit den literarischen Zirkeln der Hauptstadt in Kontakt und Austausch und veröffentlichte Gedichte sowie zahllose Literaturkritiken.

Die zunehmende Entfremdung von al-ʿAqqâd seit Beginn der 1940er Jahre und eine Suche nach Halt gingen Hand in Hand mit einer Hinwendung zum Koran, den er in dieser Zeit in Publikationen besonders als literarisch-spirituelles Kunstwerk zu würdigen begann – ein Unterfangen, mit dem er auch auf Widerspruch stieß. Nach dem Ende des Zweiten Weltkriegs verloren große Teile der ägyptischen Arbeiterschaft ihre Arbeitsplätze durch den Wegfall der Kriegsindustrie, und viele Fellachen konnten mit den kleinen Parzellen, die ihnen verblieben waren, ihre Familien nicht mehr ernähren. Qutb wandte sich in der Nachkriegszeit diesen sozialen Missständen sowie dem unübersehbaren Massenelend publizistisch und mit anderen Aktivitäten zu, allerdings noch nicht unter religiösen Vorzeichen. Probritischen ägyptischen Politikern trat er schon zu Kriegszeiten vehement entgegen; die Wafd-Partei verließ er 1942 enttäuscht und erklärte nach Kriegsende sämtliche ägyptischen Parteien für unfähig, etwas zur Lösung der Probleme des Landes beizutragen. Die antibritische Haltung entwickelte sich in dieser Zeit bei ihm zu einer scharfen Ablehnung des Westens insgesamt, dem er Materialismus und moralische Prinzipienlosigkeit vorwarf. Gleichzeitig begann er, den Islam als einzig mögliche Orientierung im Kampf gegen Macht- und Mutlosigkeit, Sittenverfall und soziale Missstände zu propagieren. Das erste Buch Qutbs nach diesem islamistischen Schwenk ist *Die soziale Gerechtigkeit im Islam*, das terminologisch und inhaltlich Anklänge an bestimmte Formen des europäischen Sozialismus zeigt, wobei Qutb Elemente wie Atheismus und Klassenkampf ablehnte. Dieses Buch erschien 1949. Obwohl die erste Auflage von der ägyptischen Regierung sogleich beschlagnahmt wurde, zirkulierte es bei den Muslimbrüdern und stieß auf lebhaftes Interesse.

Sayyid Qutb wurde 1948 vom Bildungsministerium auf eine Studienreise an verschiedene amerikanische Bildungsinstitutionen in der Hauptstadt Washington, im Staat Colorado und an der Westküste geschickt, die fast zwei Jahre dauerte. Anders als sein Arbeitgeber sich dies wohl gewünscht hatte, verstärkte der Kontakt mit der amerikanischen Gesellschaft seine Ablehnung

des westlichen Lebensstils. Mehr als sexuelle Freizügigkeit, ego-
istischen Individualismus, Materialismus und Rassismus scheint
er dort nicht wahrgenommen zu haben. Zu seinem antiimperialistischen Hass trat Verachtung. Nach der Rückkehr äußerte
er den Vorschlag, die islamische Welt sollte einen «Dritten
Block» (neben dem kapitalistischen und dem kommunistischen)
bilden, der eine hehre Aufgabe als Befreier der ganzen Menschheit haben sollte. Seine antiwestliche Rhetorik wird radikal,
und er träumt davon, in den Herzen der (muslimischen) Kinder
Hass zu säen und die britischen «Piraten» in der Kanalzone
umzubringen. Seine Distanz zur Muslimbruderschaft, der er
mangelnde Entschlossenheit im Kampf gegen die Briten vorgeworfen hatte, gab er schließlich auf und trat ihr 1953 bei, nachdem sie nach ihrem Verbot erst Ende 1951 wieder zu einer lega-
len Gruppierung geworden war.

Ein Jahr vor diesem Schritt hatten sich die Verhältnisse in
Ägypten durch die Revolution des Komitees der Freien Offiziere
vom Juli 1952 dramatisch geändert. Qutb begrüßte diesen Umsturz zunächst freudig und nahm an der Auflösung der politischen Parteien 1953 keinen Anstoß. Seine anfängliche Koope-
ration mit dem Revolutionsregime schlug aber noch im selben
Jahr in Ablehnung um. Er hatte sich zunehmend mit dem Kurs
der Muslimbruderschaft identifiziert, und diese musste feststellen, dass die Freien Offiziere andere Ziele verfolgten als sie.
1954 wurde die Organisation zur politischen Partei erklärt und
konnte als solche aufgelöst werden. Qutb wurde wie andere
Exponenten kurzzeitig verhaftet, nach Protesten aber zunächst
wieder freigelassen. Ein den Muslimbrüdern zugeschriebenes
Attentat auf Ministerpräsident Gamal Abdel Nasser noch im
selben Jahr führte zu Massenverhaftungen (die angegebenen
Zahlen liegen zwischen 4000 und 50000), mehreren Todesur-
teilen und einer Verurteilung Qutbs zu fünfzehn Jahren Zwangs-
arbeit. Wegen seiner angeschlagenen Gesundheit verbrachte er
die meiste Zeit davon im Gefängniskrankenhaus und wurde
1964 freigelassen; seiner schriftstellerischen Tätigkeit konnte er
unter Aufsicht der Zensur weiter nachgehen. Die brutalen Haft-
bedingungen haben wesentlich zur weiteren Radikalisierung

Qutbs (und anderer inhaftierter Muslimbrüder) beigetragen. Seine Aktivitäten richteten sich nun, nach dem Abzug der Briten, gegen das ägyptische Regime.

In der langen Haftzeit konnte Qutb einige neue Schriften verfassen und ältere überarbeiten. Zu den bekanntesten gehören der in der Haftzeit revidierte und ergänzte Korankommentar *Im Schatten des Korans (Fî zilâl al-Qur'ân)* und eine knappe, eindringliche Zusammenfassung seiner Hauptgedanken unter dem Titel *Zeichen auf dem Weg (Ma'âlim fî t-tarîq)*, die 1962 aus dem Gefängnis herausgeschmuggelt wurde und 1964 im Druck erschien. Dieses Büchlein, das sich von der Schreibweise des Korankommentierens ganz gelöst hat und sprachlich sowie inhaltlich die visionäre Essenz radikalen Denkens ist, hat immense Wirkung entfaltet. Kurz nach seiner Freilassung 1964 wurde Qutb 1965 im Rahmen einer weiteren Verhaftungswelle unter Muslimbrüdern erneut inhaftiert. Hintergrund war eine angebliche Verschwörung zu einem Umsturz, bei der Qutb eine tragende ideologische Rolle gespielt haben sollte. Bei der Verhandlung gegen ihn wurden die *Zeichen auf dem Weg* ausgiebig als Beleg für seine Gesinnung zitiert. Im August 1966 wurde Sayyid Qutb zusammen mit zwei weiteren Angeklagten durch Erhängen hingerichtet.

Sayyid Qutb geht ähnlich wie Rashîd Ridâ davon aus, dass das Goldene Zeitalter des Islams auf die Zeit des Propheten und seiner ersten vier Nachfolger beschränkt war. Mit der Etablierung der umayyadischen Dynastie ab 660, spätestens mit Beginn der Abbasidenzeit seit dem Jahr 750 seien entscheidende Weichen falsch gestellt worden, und Einflüsse fremder Kulturen entfalteten eine schädliche Wirkung. Die negative Entwicklung habe Ende des 19. Jahrhunderts einen Tiefpunkt erreicht. Ab Mitte der 1950er Jahre beschrieb Qutb die religiösen Verhältnisse auf der Erde mit einem Terminus, der in etymologisch verwandten Formen schon im Koran gebraucht ist, bei dem es sich aber eindeutig um eine Neuprägung handelt: *hâkimîya*. Zu übersetzen ist er am besten mit «Souveränität», und wahrscheinlich handelt es sich auch um eine Lehnübersetzung dieses Terminus beziehungsweise seiner englischen Entsprechung *sovereignty*. Das Wort geht auf den bedeutenden indo-pakistanischen Islamisten Abû l-Aʿlâ al-Maudûdî (1903–1979) zurück. Auch die Vorstellung vom Islam als einem allumfassenden System, das alle diesseitigen Lebensverhältnisse regelt, ist bei diesem schon formuliert. Für Qutbs Orientierung an al-Maudûdîs Gedanken sprechen auch andere inhaltliche und terminologische Übereinstimmungen. Als Mittler hat wahrscheinlich Abû l-Hasan an-Nadwî (1913–1999) gewirkt, ein Schüler von al-Maudûdî und indischer Islamist; er hatte Ägypten 1951 besucht und dabei auch Qutb kennengelernt.

Qutb stellte in Anlehnung an al-Maudûdî eine Gesellschaft, die unter der «Souveränität Gottes» lebt, anderen Gesellschaften gegenüber, die unter der «Souveränität des Menschen» leben. Die erstere war in der Frühzeit des Islams gegeben. Die letzteren gibt es überall dort, wo nicht das islamische System nach Qutbs Vorstellungen herrscht, und in Analogie zur islamischen Heilsgeschichte handelt es sich bei ihnen um Ausprägungen der *jâhilîya*, des «Heidentums». Mit diesem Begriff wurde in der alten islamischen Tradition insbesondere die vorislamisch-heidnische Gesellschaft auf der Arabischen Halbinsel vor Muhammad bezeichnet. Für die islamische Welt, ausdrücklich nicht nur für Ägypten, sieht Qutb den Zeitpunkt, ab dem der Islam selbst zu existieren aufgehört hat, zu Beginn des 20. Jahrhunderts als gekommen an.

Daraus ergibt sich, dass der offensive militärische Jihad, der nach klassischer Lehre nur im Verteidigungsfall eine individuelle Pflicht aller Muslime ist (dazu Kapitel V), für alle Muslime zur Pflicht wird, auch ohne dass eine direkte militärische Bedrohung von außen gegeben ist. Allerdings ist für ihn der militärische Jihad erst dann sinnvoll, wenn eine dazu fähige Gemeinschaft wahrer Gläubiger existiert. Was den Jihad gegen die von anderen Religionen beziehungsweise dem Kapitalismus oder dem Kommunismus beherrschte Welt betrifft, so geht er auch hier über die klassische Jihad-Lehre hinaus; nicht mehr eine «hinreichende Anzahl» von Muslimen soll diesen Kampf führen, sondern jeder Muslim. Wie im klassischen Jihad-Verständnis ist das Ziel nicht die zwangsweise Bekehrung von Juden und Christen, sondern nur die Unterstellung unter islamische Oberhoheit. Während sich die alten Rechtsgelehrten wenig Gedanken über die ideellen Ziele dieses Jihad gemacht haben, bringen Qutbs Ausführungen zum Thema seine tiefe Überzeugung zum Ausdruck, dass nur die Erringung der weltweiten Herrschaft durch den wahren Islam die Menschheit von der Versklavung des Menschen durch den Menschen erlösen kann.

Qutb legt in seinen zahlreichen Publikationen die Grundzüge und die Vorzüge des idealen Staates detailliert dar. Aus den Reihen der vornasseristischen Muslimbruderschaft hatten sich nur wenige Denker zu Wort gemeldet, die hier konkreter geworden waren als Hasan al-Bannâ. Im Zentrum von Qutbs Ausführungen steht die soziale Gerechtigkeit, und er weiß zahlreiche zu seiner Zeit kursierende Forderungen zwanglos und glaubhaft aus der islamischen Tradition abzuleiten. Beispielsweise erklärt er Privateigentum für geschützt, doch setzt er der unbeschränkten Verfügung darüber auch Grenzen, etwa durch die Möglichkeit von Enteignungen. Bestimmte Güter der Grundversorgung seien zu verstaatlichen, doch obwohl er das Recht auf Arbeit betont, spricht er sich gegen eine Monopolstellung des Staates als Arbeitgeber aus. Die Entrichtung der islamischen Almosensteuer (*zakât*) ist absolut verpflichtend, die staatliche Konfiskation überdurchschnittlicher Vermögen möglich. Die Scharia muss Qutb zufolge wieder eingeführt werden; Einwänden gegen unzeitgemäße Strafen kommt er mit dem Hinweis auf die hohen Beweisanforderungen entgegen und der Zuversicht, dass es in einem wahrhaft islamischen Staat die von der Scharia verbotenen Vergehen ohnehin kaum geben werde. Hier wie auf anderen Gebieten als dem Strafrecht setzt er zur Modernisierung der Tradition das uns schon von Rashîd Ridâ bekannte Instrument des Gemeinwohls (*maslaha*) ein.

Qutb findet in den Berichten über die ersten vier Kalifen zahlreiche Anhaltspunkte für eine stark idealisierende Konzeption vom islamischen Herrscher, allerdings auch Beispiele für nicht nur friedfertigen Ungehorsam bei offensichtlichen Fehlentscheidungen, umgekehrt aber auch Präzedenzfälle für die Niederschlagung von Opposition durch den Herrscher. Als Schutz vor reiner Autokratie nennt auch er das Prinzip der Konsultation (*shûrâ*). Wie bei Rashîd Ridâ bleibt die Auswahl der «Entscheider» aber im Vagen. Stellenweise scheint es, als ob mit *shûrâ* nicht nur die Befragung von repräsentativen Vertretern einzelner Gruppen und von Sachverständigen gemeint sei, sondern auch Volksabstimmungen möglich sind. An anderen Stellen ergibt sich der Eindruck, dass der islamische Herrscher selbst immer das letzte Wort zu sprechen hat.

Mit diesem utopistischen Herrschaftsmodell steht Qutb ganz in der Tradition Rashîd Ridâs, und an diesen erinnert auch ein anderer, missgünstiger Zug seines Weltbildes: Phänomene der europäischen Geschichte, die er positiv beurteilt, wie etwa die Reformation, die Magna Charta oder die Abschaffung des Lehnswesens, sind seiner Meinung nach von islamischen Idealen beeinflusst.

Der Einfluss von Sayyid Qutb hält bis heute an und ist kaum zu überschätzen; bei radikalen Gruppen ist die Zustimmung zu seinen Grundgedanken ungebrochen. Die Gruppen, die ihn als Befürworter von Gewalt verstehen und sich auch der Ausübung von Gewalt verschrieben haben, werden in Kapitel IV.3 im Zusammenhang mit al-Qaida behandelt. Manche Islamisten treten dem Vorwurf entgegen, Qutb hätte Gewaltanwendung gegen Muslime befürwortet; sie mildern Schlüsselbegriffe ab und zitieren «entlastende» Passagen aus seinen Werken, äußern sich aber zu anderen, das Gegenteil besagenden Stellen nicht. Ein besonders wichtiger Vertreter dieser apologetischen Richtung ist Sayyid Qutbs Bruder Muhammad Qutb (geboren 1919). Er kann seine abmildernden Auslegungen auf mündliche Äußerungen des Bruders zurückführen. Allerdings vertritt Muhammad Qutb selbst Ansichten, die denen des Bruders an Radikalität kaum nachstehen. Er gehörte der Muslimbruderschaft nie an, wurde 1954 nur kurz inhaftiert, musste von 1965 bis 1972 wieder ins Gefängnis und emigrierte kurz nach seiner Freilassung nach Saudi-Arabien, wo er als Professor für Glaubenslehre

eine wichtige Rolle bei der Anpassung des Qutb'schen Gedan-
kenguts an den Wahhabismus spielte. Einzelne Muslimbrüder
bekannten sich zu Sayyid Qutb, doch die Führung der Organisation sowie Hasan al-Bannâs Nachfolger als Oberster Führer,
Hasan al-Hudaibî (1891–1973), traten seinen radikalen Gedanken in einer Publikation entgegen, die den programmatischen
Titel *Prediger, nicht Richter* trägt. Als Verfasser gilt al-Hudaibî,
doch ist das Werk eine Gemeinschaftsarbeit, für die er nur die
letzte Verantwortung übernahm. Abgeschlossen wurde es 1969,
also kurz nach Qutbs Hinrichtung, veröffentlicht dagegen erst
1977 und damit zu einem Zeitpunkt, als die erste Welle von ra-
dikal-islamistischen Attentaten in Ägypten begonnen hatte. Die
großen Schwierigkeiten, die der Muslimbruderschaft eine kri-
tische Auseinandersetzung mit dem Märtyrer Qutb bereiteten,
werden daran deutlich, dass das Buch sich gar nicht mit Sayyid
Qutb beschäftigt, sondern mit al-Maudûdî beziehungsweise
dem Qutb'schen Gedankengut, soweit es sich bei al-Maudûdî
finden lässt. Am Begriff der *hâkimîya* wird kritisiert, dass diese
Neuprägung nicht aus Koran und Prophetentradition zu be-
legen ist und eine negative Eigendynamik entfalten könne.
Menschliches Richten über vermeintliche Verstöße gegen Gottes Souveränität sei wiederum eine Anmaßung gegenüber Gott;
dieser sei in seiner Größe darüber erhaben, sämtliche menschlichen Lebensbereiche in allen Einzelheiten regulieren zu wollen. Auch sei ein gewöhnlicher Muslim zu einem Urteil über die
Konformität oder Nichtkonformität von Regeln und Gesetzen mit Koran und Prophetentradition gar nicht in der Lage
und dürfe deshalb nicht wegen Verstößen «exkommuniziert»
werden.

Mäßigend ist auch die Kritik des indischen Gelehrten und
Aktivisten an-Nadwî, der schon als Vermittler von Ideen
al-Maudûdîs an Sayyid Qutb erwähnt wurde. Seine Schrift *Die
politische Auslegung des Islams in den Publikationen von
al-Maudûdî und Sayyid Qutb*, die 1978 erschien, äußert sich
zustimmend zur Kritik al-Hudaibîs und fügt weitere Argumente
hinzu. Die gleichzeitig fromme und erfolgreiche Frühzeit des
Islams sei vergangen und könne auch nicht wiederhergestellt

werden; Unwissenheit dürfe nicht mit bewusster Leugnung der Offenbarung gleichgesetzt und damit zu Unglauben erklärt werden.

Exemplarisch für die säkularistisch-liberale Kritik an Qutb (und vielen anderen) kann Muhammad Saʿîd al-ʿAshmâwî (geboren 1932) stehen, ein pensionierter hochrangiger Jurist aus Ägypten, der in seinem 1987 erschienenen Buch *Der politische Islam* das islamistische Weltbild in großer Schärfe angreift. Für ihn ist die Parole von der «Souveränität Gottes» nur Mittel dazu, menschliche Herrscher über Muslime zu vergöttlichen.

Jenseits der Streitfrage, ob und in welchem Ausmaß Qutb für seine Zeit Gewaltanwendung rechtfertigen wollte, wird er bis heute auch von nichtextremistischen Muslimen wegen seines Korankommentars hoch geschätzt. An diesem werden insbesondere seine ungekünstelte, von Gelehrsamkeit freie Sprache, sein Interesse an aktuellen Fragen und die Emotionalität und Unmittelbarkeit seines interpretatorischen Zugangs bewundert.

4. Khomeini, Gründer der Islamischen Republik Iran

Der Schwerpunkt dieses Bandes liegt auf dem sunnitisch-arabischen Islamismus, aber das Wirken des schiitisch-iranischen Geistlichen Ruhollâh Musawi Khomeini für die Errichtung der Islamischen Republik Iran hat dem Islamismus weltweit so großen Auftrieb gegeben, dass es schon deshalb hier behandelt werden muss. Obwohl die religiösen und politischen Verhältnisse in Iran von denen in den arabischen Ländern deutlich abweichen, hat der Sturz des verhassten Schah Mohammad Reza Pahlawi gezeigt, dass Revolutionen unter islamistischer Führung Erfolg haben konnten. Ähnlichen Eindruck hat nur noch die Vertreibung der sowjetischen Besatzer Afghanistans ab 1988 hinterlassen; die Revolten des Jahres 2011 standen unter anderen Vorzeichen.

Khomeini wurde 1902 in der Kleinstadt Khomein (zwischen Isfahan und Hamadan) geboren. Seinen Vater, einen Kleriker und kleinen Landbesitzer, verlor er schon vor seinem ersten Geburtstag. 1918 ging er zum Studium in das nahegelegene Arâk, um beim Âyatollâh Hâ'eri zu studieren, und folgte diesem 1922 nach Qom. Dort avancierte er 1936 zum Mujtahid, wurde also als Gelehrter angesehen, der zur selbständigen Entscheidungsfindung im schiitischen Recht befähigt war. Neben den Rechtsfächern hatte er sich im Studium auch mit schiitischer Theosophie (*'irfân*) beschäftigt, die er in kleinen privaten Zirkeln weitergab. Dieser von manchen als unorthodox angesehene Zweig des religiösen Wissens mag in seine späteren Vorstellungen von spiritueller Führung und in sein Charisma eingeflossen sein, welches zudem durch die Abstammung vom 7. Imam Mûsâ al-Kâzim befördert wurde, die den Familiennamen Musawi erklärt.

Die schiitische Richtung des Islams hat sich im Zwist um die Besetzung des Kalifats schon kurz nach Muhammads Tod herausgebildet und bekam noch im 7. Jahrhundert eine religiöse Färbung. Die Schia vertritt die Auffassung, dass ʿAlî, Schwiegersohn und Cousin des Propheten, nicht erst als Vierter dieses Amt hätte antreten dürfen und dass es darüber hinaus als Imamat (nicht Kalifat) nach seinem Tod seinen Nachkommen zugestanden hätte. Die Schia hat sich schnell in zahlreiche Untergruppen aufgespalten, von denen die Zwölferschia seit langer Zeit die zahlenmäßig bedeutendste ist. In Iran wurde diese aber erst seit der Ära der Safawiden (1501–1722) zur Staats- und später zur Mehrheitsreligion. Im Zuge dieser Entwicklung bildete sich eine einflussreiche Schicht von Geistlichen (den sogenannten Mollâs) heraus, die über größere finanzielle Ressourcen verfügte und hierarchisch organisiert war, so dass man hier zutreffend von einem Klerus spricht. Ab dem 17. Jahrhundert wurden diese Geistlichen als Repräsentanten des seit dem Jahr 941 endgültig «entrückten» oder «verborgenen» 12. Imams, des Mahdi, anerkannt. Seit dieser Zeit gerät der Klerus immer wieder in politische Gegnerschaft zu den Monarchen Irans.

Wenn oben gesagt wurde, dass Iran (so wie der größere Teil der Arabischen Halbinsel) nie unter europäischer kolonialer Herrschaft stand, muss dies hier eingeschränkt werden. Eine nicht immer friedliche wirtschaftliche Durchdringung und poli-

tische Einmischung aus dem russischen Norden und dem britisch beherrschten Südosten setzten schon in der zweiten Hälfte
des 19. Jahrhunderts ein, wozu der standige Geldbedarf der
Qajarenherrscher nicht unwesentlich beitrug. Im Zusammenhang mit der Erteilung eines Tabakmonopols an ein britisches
Konsortium 1890 stellten sich die Geistlichen erfolgreich an die
Spitze von Massenprotesten. Bei der Unterwerfung und Umfor-
mung der iranischen Wirtschaft spielten Großbritannien und
Russland die wichtigste Rolle, und 1907 einigten sie sich auch
untereinander auf Einflusssphären. Während der Weltkriege
war Iran von britischen und russischen beziehungsweise sowjetischen Truppen besetzt. Der Sturz der Qajarenherrschaft und
die Installierung der Pahlawi-Dynastie durch das iranische Parlament 1925 geschah mit Billigung der Briten; die Abdankung
des ersten Regenten Reza Schah 1941 wegen seines deutsch-
landfreundlichen Kurses wurde durch die Sowjets und Briten
erzwungen. Sein Sohn Mohammad Reza Schah, zweiter und
letzter Pahlawi-Herrscher, lehnte sich nach dem Zweiten Weltkrieg eng an die USA an. Nach 1963 schaltete er die Opposition
endgültig aus. Eine missglückte Landreform, weiterhin forcierte
Verwestlichung und Zentralisierung und das brutale Wirken
des Geheimdienstes SAVAK trugen ihm Ablehnung sowohl von
konservativen Geistlichen als auch von mittelständischen
Handwerkern und Händlern ein, die ohnehin mit der Geistlichkeit familiär und ökonomisch zusammenhingen. Wegen des
autokratischen Regierungsstils lehnten aber auch westlich oder
kommunistisch orientierte Iraner die Schah-Herrschaft ab und
waren mangels Alternativen einer Zusammenarbeit mit der religiösen Opposition nicht abgeneigt.

Dabei war der schiitische Klerus trotz seiner in der Safa-
widenzeit errungenen Machtstellung und der legislativen Kon-
trollfunktion, die ihm in der Verfassung von 1906/07 (also noch
in der Qajarenzeit) zugewachsen war, traditionell eher quietis-
tisch, also unpolitisch. Eine bemerkenswerte Ausnahme von
dieser Regel ist eine Terrorzelle mit dem Namen *Fedâ'iyân-e
Eslâm*, «Die sich für den Islam Opfernden». Sie wurde von
Mohammad Nawwâb-Safawi angeführt, dem 1924 geborenen

Sohn eines Klerikers; ihre Führungskader entstammten eta-
blierten Gelehrtenfamilien, die Anhänger waren zumeist kleine
Händler und Handwerker, auch, aber nicht nur aus dem Basar-
milieu. Nawwâb-Safawi war stark vom Erfolg der ägyptischen
Muslimbrüder beeindruckt, gebrauchte als erster Schiit den Begriff der islamischen Herrschaft (*hokumat-e eslâmi*) und vertrat
wie al-Bannâ die Vision des allumfassenden und alles regelnden
Islams. 1950 veröffentlichte er einen sehr konkreten Entwurf
eines islamischen Musterstaats, bei dem es sich um eine vom
Klerus überwachte Monarchie handelt. Den zwölf vorgesehe-
nen Ministerien wies er detailliert ihre Aufgaben zu; die Agenda
für das Erziehungswesen ist nach der Revolution 1978/79 wei-
testgehend umgesetzt worden. Die *Fedâʾiyân* haben in der Zeit
zwischen 1945 und 1955 sieben Attentate auf schahnahe Säkularisten verübt, darunter auf den religionskritischen Intellektuellen Ahmad Kasrawi (1890–1945). Nawwâb-Safawi wurde
1955 hingerichtet, und die Gruppe wurde zerschlagen.

Die überwiegende Mehrheit des Klerus blieb zunächst unpolitisch. In dieser Haltung folgte man nach dem Zweiten Weltkrieg dem in Qom lehrenden Âyatollâh Hosein Borujerdi
(1875–1961), seit 1946 als *Marjaʿ at-taqlîd* («Rechts-Quelle»)
höchste geistliche Autorität der Zwölferschia. Seine dem Schah
gegenüber weitgehend kooperative Haltung hielt sowohl diesen
als auch den Klerus von offenem Kollisionskurs ab. Khomeini
hielt bis zu Borujerdis Tod still, hatte allerdings schon in einer
1943/44 publizierten antisäkularistischen Schrift *Enthüllung
der Geheimnisse* (*Kashf al-asrâr*) einen wahrhaft islamischen
und gleichzeitig modernen Staat propagiert, der den Rechtsgelehrten die Kontrolle über die allgemeine Ordnung und Gesetzgebung zuwies. Die Monarchie wurde noch nicht offen in
Zweifel gezogen.

Ab Januar 1963, also nicht lange nach Borujerdis Tod, kam
es wegen der Weißen Revolution des Schah mit dem Kern-
element einer Landreform und wegen seiner Pläne, amerikanischen Militärberatern einen juristischen Sonderstatus einzu-
räumen, zu Unruhen, Toten und scharfen Angriffen Khomeinis
auf den Schah und die Monarchie überhaupt. Khomeini wurde

Mitte 1963 verhaftet, im April 1964 wieder freigelassen, im November desselben Jahres erneut verhaftet und in die Türkei abgeschoben. 1965 siedelte er in das schiitische Gelehrtenzentrum Najaf im Irak über, wo er bis 1978 blieb. Khomeinis Schüler übernahmen die Führung der weitverzweigten Basar- und Moscheenetzwerke, oft auch relativ selbständig, und bauten sie aus. Parallel entwickelte sich durch die Aktivitäten von Laien ein zweiter Typ von religiöser Opposition mit großer Breitenwirkung. Zwei Intellektuelle, Jalâl Âl-e Ahmad (1923–1969) und vor allem sein Schüler ʿAli Shariʿati (1933–1977), sind die Vordenker einer schiitischen Revolutionsideologie, die in den 1960er und 1970er Jahren an Zustimmung gewann, also etwa zur gleichen Zeit, zu der Sayyid Qutbs Ideologie in der arabischen Welt an Einfluss gewann. Mit dieser hat sie eine starke antiwestliche Stoßrichtung und scharfe Kritik am religiösen Establishment gemeinsam, ist aber deutlich stärker von – zumeist linkem – europäischem Gedankengut geprägt. Ein Schüler Khomeinis, der 1924 geborene Mortazâ Motahhari, propagierte einen leicht modernistischen Mittelkurs zwischen Shariʿatis charismatischem islamischem Sozialismus und der passiven Haltung der konservativen Geistlichkeit. Er blieb einer der wichtigsten Verbindungsmänner Khomeinis in der Exilzeit. Im Mai 1979, noch in den Wirren der Revolutionszeit, wurde er von einer antiklerikalen Gruppe umgebracht.

1969 und 1970 machte Khomeini in Predigten, die er in Najaf hielt, öffentlich, was er in privaten Zirkeln schon seit den 1950er Jahren diskutiert hatte: die Idee der Herrschaft des Rechtsgelehrten (*welâyat-e faqih*). Die Ansprachen wurden 1970 in persischer Sprache gedruckt und begannen in Iran zu zirkulieren. Zwar hatte schon zu Beginn des 19. Jahrhunderts ein Mollâ namens Ahmad Narâqi (gestorben 1830) andeutungsweise die Ansicht vertreten, dass in Abwesenheit des «entrückten» 12. Imams nur ein qualifizierter Jurist der legitime Herrscher sein könnte, doch weitere Vorläufer zur Herrschaft des Rechtsgelehrten gibt es praktisch nicht. Khomeini sprach vom Rechtsgelehrten im Singular und befand, dass nur dann ein Gremium von Gelehrten zu benennen sei, wenn kein einzelner unstrittiger Kandidat zur Verfügung stehe. Er betonte die soziale Verantwortung des von ihm entworfenen Systems und sah im Übrigen dessen zentrale Aufgabe darin, westlich-koloniale Einflüsse zu eliminieren.

Die Revolution in Iran, die erst später als die «islamische» bezeichnet wurde, begann 1977 mit der Forderung des liberalen Politikers Shâhpur Bakhtiyâr, die im Prinzip noch immer geltende Verfassung der Jahre 1906/07 wieder in Kraft zu setzen. Die Auseinandersetzungen zwischen den verschiedenen Lagern nahmen im Sommer 1978 an Schärfe und Gewaltsamkeit zu; Khomeini wurde im Herbst auf Veranlassung des Schahs aus dem Irak ausgewiesen und ließ sich für vier Monate in der Nähe von Paris nieder. Als der Schah im Januar 1979 das Land verließ, kehrte Khomeini am 1. Februar nach Iran zurück. Dem Ziel, seine politischen Vorstellungen durchzusetzen, standen aber verschiedene an der Revolution maßgeblich beteiligte Lager entgegen. Seine wichtigsten Gegenspieler waren dabei die Kommunisten und sonstige linke Gruppierungen. Khomeini bediente sich des Mittels von Wahlen, um zunächst im März 1979 in einer Volksabstimmung eine haushohe Zustimmung zu einer noch ganz vage beschriebenen «Islamischen Republik» einzuholen, besetzte wieder durch Wahl im August 1979 die verfassunggebende Versammlung mit einer großen Mehrheit von Getreuen und konnte schließlich im Dezember 1979 das Grundgesetz der Islamischen Republik Iran per Referendum bestätigen lassen.

Diese Verfassung, die bei einigen Gelehrten aus Khomeinis Basis Qom auf Befremden oder gar Ablehnung stieß, setzte seine Idee der Herrschaft des Rechtsgelehrten insofern um, als sie ihn namentlich nannte, als «(Revolutions-)Führer» (*Rahbar*) bezeichnete und die wichtigsten Befugnisse in seiner Hand vereinte, insbesondere den Oberbefehl über die Streitkräfte und die Ernennung von sechs der zwölf Mitglieder des Wächterrats. Dieses Gremium sichert dem Revolutionsführer die Kontrolle über das politische Geschehen. Die sechs nicht direkt von ihm benannten weiteren Mitglieder müssen Juristen verschiedener Fachrichtungen sein, werden vom Obersten Richter vorgeschlagen und durch das Parlament (*Majles*) gewählt. Da der Oberste Richter wiederum vom Revolutionsführer ernannt wird, kontrolliert dieser das Gremium weitgehend. Der Wächterrat kann Gesetzesvorschläge des Parlaments zurückweisen und überwacht die Zulassung der Kandidaten unter anderem für die Parlamentswahlen; schließlich nimmt er die Funktion eines Verfassungsgerichts wahr.

Khomeini starb im Jahr 1989. In einer noch von ihm initiierten Änderung der Verfassung von 1989 wurde das Amt des Staatspräsidenten durch die Abschaffung des Ministerpräsidentenamtes aufgewertet; der Staatspräsident wird vom Volk gewählt, aber die Zulassung der Kandidaten ist wiederum Sache des Wächterrats. Das Parlament ist die gesetzgebende Institution Irans. Parteien gibt es, aber sie sind nicht mit denen westlicher Demokratien vergleichbar, weil die Kandidaten als Personen, nicht als Vertreter dieser Parteien aufgestellt werden. Im Vergleich zu den großen Vorbehalten des älteren arabischen Islamismus gegenüber allgemeinen Wahlen fällt die große Bedeutung demokratischer Elemente auf. Offensichtlich sah Khomeini die Einwände wegen der dominierenden Rolle von Revolutionsführer und Wächterrat als gegenstandslos an.

Öffentliche Hinrichtungen, Tyrannei der Revolutionsgarden (*Pâsdârân*), Zensur und rigide Informationskontrolle, unnachsichtige Verfolgung der religiösen Minderheit der Bahai sowie die Diskriminierung der verfassungsmäßig geschützten Zoroastrier, Juden und Christen bestimmen auch nach über dreißig Jahren die Wahrnehmung der Islamischen Republik Iran im Westen. Auf außenpolitischer Ebene machen antiisraelische Rhetorik, die Unterstützung von Hamas und Hisbollah, die Zusammenarbeit mit Nordkorea und ein zweideutiges Atomprogramm Schlagzeilen. Die schweren wirtschaftlichen und sozialen Folgen der internationalen Isolierung des Landes könnten zu einer Revision der antiimperialistischen Staatsdoktrin führen. Die politische Führungsschicht ist – innerhalb der von der Staatsideologie abgesteckten Grenzen – multipolar und neigt zum Teil auch zum Pragmatismus; das letzte Wort in allen wichtigen Fragen hat aber der 1939 geborene Revolutionsführer Âyatollâh Khâmene'i, dessen Macht nicht nur in der Verfassung begründet ist, sondern auch ökonomisch durch seine Aufsichtsfunktion über verschiedene Fromme Stiftungen (*bonyâd*) mit enormem Kapital abgesichert ist.

5. Hasan at-Turâbî, Pate des islamistischen Sudan

Der Sudan wurde bereits im 7. Jahrhundert islamisiert und erhielt seine heutige religiöse Prägung seit dem 16. Jahrhundert; bestimmend wurde der Sufismus (vor allem der Shâdhilîya- und der Qâdirîya-Bruderschaft) und dessen Rivalität mit den städtischen *'ulamâ'*. Spätere Impulse sind der modernisierende Einfluss Ägyptens, der 1821 mit der Besetzung des Sudan durch Muhammad ʿAlî begann, und die Ausbreitung reformistischer Sufi-Orden von der westlichen Arabischen Halbinsel. Politisch unabhängig wurde der Sudan 1956 mit dem Ende des anglo-ägyptischen Kondominiums; die Phasen ziviler Herrschaft seitdem waren vergleichsweise kurz (1956–58, 1964–69, 1985–89). Direkt nach dem Zweiten Weltkrieg, also noch vor der Unabhängigkeit, entstanden die Kommunistische Partei Sudans (die wichtigste kommunistische Partei in der arabischen Welt) und die sudanesische Muslimbruderschaft. Eine Besonderheit des Landes ist, dass es bis zur Unabhängigkeit des Südsudan 2011 einen ölreichen Landesteil hatte, in dem Christentum und indigene Religionen dominierten.

Vor dem Hintergrund dieser komplexen Situation ist das Wirken von Hasan at-Turâbî zu sehen, der maßgeblich für die Entstehung des ersten islamistischen Staates in der arabischen Welt verantwortlich ist. Er wurde 1932 im ostsudanesischen Kassala in eine fromme Familie geboren, die die weltliche Schulbildung des Jungen durch religiöse Unterweisung ergänzte. Nach seinem Jura-Abschluss an der Universität Khartum 1955 erwarb er 1957 den Master of Law an der Universität London und lehrte dann zwei Jahre in Khartum. 1959 ging er an die Sorbonne nach Paris, die ihm 1964 den juristischen Doktorgrad verlieh. Nach seiner Rückkehr an die Universität Khartum machte er aufgrund seiner Weltläufigkeit und Eloquenz schnell

Karriere. Diese begann er als islamistischer Fürsprecher der Demokratisierung des Sudan, um sie 1999 als kaltgestellte graue Eminenz eines zehn Jahre währenden islamistischen Experiments mit problematischer Bilanz zu beenden.

At-Turâbî schloss sich schon 1954 der Muslimbruderschaft an und gründete 1964 einen politischen Ableger mit dem Namen Islamic Charter Front, über den er eine islamische Verfassung für das Land forderte. Das 1969 an die Macht gekommene Militärregime unter Jaʿfar an-Numairî orientierte sich bis in die 1970er Jahre am sozialistischen Kurs Nassers; at-Turâbî verbrachte diese Zeit zum Teil im Gefängnis oder im Exil. Die Hinwendung an-Numairîs zum Islam führte ab 1976 zu einem politischen Kurswechsel, at-Turâbî wurde 1979 Generalstaatsanwalt, und die «Septembergesetze» von 1983 leiteten die erste Islamisierungswelle des Sudan ein. Schwerpunkte waren das Straf- und das Wirtschaftsrecht, die Kodifizierung wurde allerdings auch von islamischer Seite als selektiv und mechanistisch kritisiert. Wachsender innenpolitischer Widerstand und eine darniederliegende Wirtschaft führten zur Entmachtung an-Numairîs, zur Aufhebung der Septembergesetze im Jahr 1985 und zu einer neuen Phase demokratischer Regierung. At-Turâbî wandelte die Islamic Charter Front in die Partei National Islamic Front (NIF) um, die bei den Parlamentswahlen 1986 aber nur zur drittstärksten Kraft wurde. Im Juni 1989 wurde die Regierung von Sâdiq al-Mahdî durch den General ʿUmar al-Bashîr in der sogenannten Nationalen Rettungs-Revolution gestürzt und die Verfassung außer Kraft gesetzt. At-Turâbî hat für die nächsten zehn Jahre die Politik mit ihrer neuen Islamisierungswelle aus dem Hintergrund maßgeblich mitbestimmt. Die Geschlechter wurden im öffentlichen Verkehr durch spezielle Linien für Männer und Frauen getrennt, es wurde die islamische Almosensteuer eingeführt, eine Kleiderordnung für Frauen erlassen, das islamische Strafrecht wieder und in verschärfter Form eingeführt, Frauen wurden aus dem öffentlichen Dienst entfernt usw. Bevorzugtes Mittel zur Machtsicherung war der Transfer der NIF-Parteibürokratie in die staatliche Verwaltung. Alle politischen Parteien, Berufsverbände und Gewerkschaften

wurden verboten, das Regime nahm totalitäre Züge an. Auf der
außenpolitischen Ebene entfaltete at-Turâbî einige Wirkung
durch seine panislamischen Aktivitäten wie die Gründung der
Popular Arab and Islamic Conference, einer islamistisch-anti-
imperialistischen Konkurrenzorganisation zu der in Kapitel II
erwähnten, saudisch dominierten OIC. Dass der Sudan unter
ihm zum Zufluchtsort zahlreicher Jihadisten wurde, unter ihnen
auch Bin Laden, hat das Land außenpolitisch zeitweise isoliert.

In einem merkwürdigen Gegensatz zur politischen Praxis,
für die at-Turâbî zumindest immer eine Mitverantwortung trug,
steht der «progressive» Charakter vieler seiner Äußerungen.
Der Jihad sei keine Pflicht des Muslims, so ließ er verlauten,
und die Prophetentradition sei nicht immer bestimmend für
die Gegenwart. Bei allen Unterschieden zwischen westlicher
Demokratie und seinem islamischen Konzept der Konsultation
(*shûrâ*), die stärker plebiszitären als parlamentarischen Charakter hatte, plädierte er letztlich für eine demokratische Grundori-
entierung und gegen Theokratie oder Diktatur, blieb allerdings
in diesem Punkt erstaunlich vage. In einem Buch von 1987 mit
dem Titel *Erneuerung des islamischen Denkens* (*Tajdîd al-fikr
al-islâmî*) werden alte islamische Normen als orts- und zeitge-
bunden relativiert und so eine Unterscheidung von überzeit-
licher Essenz und historischen Ausprägungen begründet. Die
Entwicklung neuer Rechtsnormen (*ijtihâd*) solle nicht allein
Sache der *'ulamâ'* sein, sondern demokratisiert werden. Frauen
und Nichtmuslime könnten politische Ämter bekleiden.

Diese Positionen wurden von islamischer wie islamistischer
Seite als zu pragmatisch und schlecht mit der religiösen Tradition vereinbar zurückgewiesen und führten schon im Jahr 1980
zur Spaltung der sudanesischen Muslimbruderschaft. Im Sudan
wird vor allem der Widerspruch zwischen diesen sympathischen
Ideen einerseits und anderen Äußerungen at-Turâbîs sowie ihrer
politischen Umsetzung in den Jahren 1983–1985 und 1989–
1999 andererseits scharf kritisiert; das Image des Islamismus im
Sudan ist durch seine reale Existenz schwer beschädigt. Die
Islamisierung des Landes wurde nach 1999 nicht deutlich zurückgenommen; der allseits befürchtete Zusammenbruch des

Staates wird auch über ihr weiteres Schicksal entscheiden. At-Turâbî war nach seiner Entmachtung 1999 mehrfach in Haft oder stand unter Hausarrest, hat sich aber trotzdem häufig zur sudanesischen Politik und zu Fragen des islamischen Rechts geäußert.

6. Nâsir ad-Dîn al-Albânî, Vordenker des Salafismus

Nâsir ad-Dîn al-Albânî wurde 1914 im albanischen Shkoder als Sohn eines hanafitischen Rechtsgelehrten geboren. Seine Familie wanderte 1923 nach Syrien aus, wo Nâsir ad-Dîn neben einer Ausbildung zum Uhrmachermeister Unterricht in hanafitischem Recht erhielt und sich vor allem im Selbststudium zum Experten in Prophetentradition (Hadîth) heranbildete. Insbesondere die Lektüre der von Rashîd Ridâ herausgegebenen Zeitschrift *al-Manâr* begründete seine Abkehr von der Lehre der vier sunnitischen Rechtsschulen, doch war er dem wahhabitischen Islam bedeutend näher als dem modernistischen Salafîya-Islam. Von den Wahhabiten trennte ihn wiederum neben der Ablehnung ihrer hanbalitischen Orientierung die herausragende Rolle, die er dem selbständigen Studium der Prophetentradition zuerkannte. Dabei setzte er sich auch über Bewertungen der Vertrauenswürdigkeit einzelner Traditionen hinweg, die in den als besonders autoritativ angesehenen Hadîth-Sammlungen von al-Bukhârî und Muslim aus der zweiten Hälfte des 9. Jahrhunderts enthalten sind. Mit dieser Kritik zog er sich heftigen Widerspruch vonseiten derer zu, die diese beiden Sammlungen als durch Konsens geheiligt ansahen. Durch seine frische Quellenkritik und Hermeneutik kam er in verschiedenen Einzelfragen zu Auffassungen, die in konservativen sunnitischen Gelehrtenkreisen auf Ablehnung stießen.

Al-Albânîs Lehren machten ihn ab 1960 beim syrischen Regime verdächtig. Einen Posten an der Islamischen Universität Medina, der ihm 1961 angetragen wurde, konnte er wegen Ablehnung durch das wahhabitische Establishment nur zwei Jahre lang bekleiden. Er kehrte nach Syrien zurück, wurde dort zweimal verhaftet und emigrierte 1979 nach Jordanien. Die Verbin-

dung nach Saudi-Arabien konnte er halten; aus der Ferne und
bei zahlreichen Besuchen beförderte er das Interesse an der
Prophetentradition dort stark. An seine Lehren lehnte sich eine
eigene Schule an, die der «Leute der Prophetentradition» (*Ahl
al-Hadîth*). Diese sah sich in der Tradition frühislamischer
Hadîthgelehrter, aber die Übereinstimmung mit den indischen
Ahl-i Hadîth (siehe Kapitel II.2, Salafismus) geht über die Na-
mensgleichheit weit hinaus.

Aus den saudischen Ahl al-Hadîth erwuchs in den 1970er
Jahren die Salafistische Vereinigung für Recht und Ordnung
(*al-Jamâ'a as-Salafîya al-Muhtasiba*, JSM), die ihren Einfluss
von Medina und dann Mekka aus auch auf den Najd ausdeh-
nen konnte. Die Ablehnung des saudischen Königshauses begründete sie weniger politisch als religiös: Herrscher auf der
Arabischen Halbinsel konnte ihnen zufolge nur ein Abkömm-
ling des Stammes Quraish sein, dem auch der Prophet entstammte. Unmut erregte sie durch verschiedene Abweichungen
von wahhabitisch-saudischem Ritual und Habitus, etwa durch
den Verzicht auf Gebetsnischen (*mihrâb*) in den Moscheen als
Neuerung (*bid'a*) oder durch Gewänder, die eine Handbreit
unter dem Knie endeten statt am Knöchel.

Eine radikale Abspaltung der JSM besetzte im Jahr 1979 unter Führung von Juhaimân al-'Utaibî gewaltsam die Ka'ba-Mo-
schee in Mekka; al-Albânî war danach für einige Jahre Persona
non grata in Saudi-Arabien. Dass er eigentlich ein entschieden
unpolitischer Aktivist war, zeigt eine Fatwa, in der er den Paläs-
tinensern im Gazastreifen und im Westjordanland die Auswanderung empfahl, weil sie unter israelischer Besetzung den
reinen Islam nicht leben könnten. Die Muslimbrüder kritisierte
er wegen ihrer Fixierung auf die Politik bei sträflicher Vernach-
lässigung des Glaubens. Sein Einfluss reichte trotzdem bis in die
salafistische saudische Opposition (*Sahwa*) hinein, die sich nach
1990, dem Jahr der Stationierung amerikanischer Truppen auf
saudischem Boden, zunehmend regimekritisch zu Wort meldete.
Mit mehr Recht können sich die apolitischen Salafisten auf ihn
berufen, denn er hat ja gesagt, dass es Politik sei, sich von der
Politik fernzuhalten. Diesem Satz wohnt aber eine gewisse

Zweideutigkeit inne: Politische Umstände können sich ändern, und innerhalb des von ihm mit neuem methodischem Selbstbewusstsein ausgestatteten Salafismus ist der Schritt von einer radikalen Neubewertung der Tradition zu radikaler Militanz nicht groß. Al-Albânî wurde 1999 in Saudi-Arabien durch die Verleihung des König-Faisal-Preises für seine Verdienste um das Studium der Prophetentradition rehabilitiert und starb im gleichen Jahr in Amman (Jordanien) im Hausarrest.

IV. Organisationen und Parteien

1. Die Muslimbrüder nach Hasan al-Bannâ

Die von Hasan al-Bannâ (siehe Kapitel III.2) 1928 gegründete
Muslimbruderschaft ist nicht nur bis heute die zahlenmäßig
stärkste islamistische Gruppierung in Ägypten, sondern auch
die Mutter fast aller anderen islamistischen Gruppen in der
arabischen Welt und darüber hinaus. Außerhalb Ägyptens gibt
es Tochter- und Schwesterorganisationen, aber obwohl 1982
eine internationale Muslimbrüder-Dachorganisation gegründet wurde, sind deren Möglichkeiten zur ideologischen und
strategischen Koordinierung sehr begrenzt. Der Sudan, der erste
islamistische Staat in der arabischen Welt, ist von der Muslimbruderschaft stark geprägt worden: Bci IIasan at-Turâbîs (siehe
Kapitel III.5) National Islamic Front handelt es sich um die
Mehrheitsfraktion der sudanesischen Muslimbruderschaft, die
at-Turâbî hinter sich versammelt hatte. Die Zweige in Syrien
und Jordanien zeigen im Vergleich mit der ägyptischen Mutterorganisation, welch große Rolle die Einbindung in den lokalen
politischen, religiösen und gesellschaftlichen Kontext spielt.

Ägypten

Die von Hasan al-Bannâ gegründete Muslimbruderschaft er-
weiterte ihr ursprüngliches Programm von «innerer Mission»
und islamischer Moralität, verbunden mit dem Kampf gegen
politische und kulturelle Einflüsse Europas, schnell zu einem
politischen und gesellschaftlichen Gesamtkonzept. Sie vertrat
im Wesentlichen die Interessen der unteren und mittleren Mittelschicht des Landes. Die politischen Parteien der damaligen
Zeit hatten vorwiegend unter der Kontrolle der traditionellen
Eliten gestanden. Während die Zugehörigkeit zu diesen Eliten
durch Herkunft bestimmt war, konnte ein Muslimbruder durch
Einsatz und Erfolg in der Organisation aufsteigen. Durch Pro-

paganda im Milieu der Moscheen, in Provinzstädten und einfachen Quartieren der Hauptstadt erschloss die Muslimbruderschaft Schichten für die politische Teilhabe, die vorher vom politischen System ignoriert worden waren. Ohne dass dies zum offiziellen Programm gehörte, trug sie so faktisch zur Demokratisierung Ägyptens bei. Von finanziellen Zuwendungen des Staates und politischer Gruppen blieb sie weitgehend unabhängig, indem sie sich auf Spendenkampagnen der Mitglieder stützte. Gönner aus der Aristokratie und dem sonstigen Establishment wurden durch Ehrenmitgliedschaften belohnt, die keine Einflussnahme erlaubten.

Nach der Revolution von 1952 waren die Hoffnungen der Organisation auf angemessenen politischen Einfluss wegen der bislang engen Beziehungen zu den Freien Offizieren groß, blieben aber unerfüllt. 1954 wurde die Muslimbruderschaft erst zur politischen Partei erklärt und dann sogleich per Dekret aufgelöst; die ganze Nasser-Ära (1954–1970) war von Anfang an von scharfer Verfolgung geprägt, die 1964 kurz nachließ und 1965 wieder auflebte. Das Auflösungsdekret von 1954 wurde erst im März 2013 faktisch zurückgenommen, da zu diesem Zeitpunkt die Muslimbruderschaft als Nichtregierungsorganisation (NGO) zugelassen wurde – für gerade einmal ein halbes Jahr, denn im September desselben Jahres wurde sie wieder verboten und im Dezember 2013 schließlich zur Terrororganisation erklärt. (Die zur Muslimbruderschaft gehörende Freedom and Justice Party wird unten in Kapitel IV.2 behandelt.)

Der Weg von der Auflösung bis zur Zulassung fast sechzig Jahre später ist eine langsame, von vielen Rückschlägen gebremste Aufwärtsbewegung, die aus der Verfolgung heraus in die geduldete Illegalität und schließlich zu bemerkenswerten Wahlerfolgen führte. Nassers Nachfolger Anwar Sadat verfolgte einen versöhnlicheren Kurs gegenüber den Muslimbrüdern; Inhaftierte wurden entlassen, Exilanten durften zurückkehren. Dies entsprach einer allgemein islamfreundlicheren Haltung Sadats, die auch der Eindämmung linker Gruppierungen dienen sollte. Der fünfte Oberste Führer der Organisation, ʿUmar at-Tilimsânî, der das Amt von 1972 bis 1986 innehatte, unterhielt sogar so enge Verbindungen zum Sadat-Regime, dass er aus den eigenen Reihen scharf kritisiert wurde.

Sadat wurde 1981 von einer radikalislamistischen Gruppe ermordet, was aber für die Position der Bruderschaft keine negativen Konsequenzen hatte. Unter Husni Mubarak (1981–2011) wandelte sich die Organisation zu einer Oppositionsbewegung in der Mitte des politischen und gesellschaftlichen Geschehens, die Gewalt ablehnte und die parlamentarische Demokratie akzeptierte. Seit den 1990er Jahren dominierte sie die politisch wichtigen Berufsverbände, vor allem in den technischen, medizinischen und naturwissenschaftlichen Zweigen. Ihren Einfluss in Gewerkschaften, Studentenvereinigungen und islamischen Investmentgesellschaften baute sie aus. Mangels eines Parteien-Status konnte sie nur durch Wahlbündnisse und die Aufstellung «unabhängiger» Kandidaten bei Parlamentswahlen antreten. Davon machte sie seit den Wahlen 1984 Gebrauch, zeigte sich zunehmend pragmatisch und konnte ihren größten Erfolg in der Ära Mubarak 2005 verbuchen, als ihre Kandidaten – trotz massiver Unregelmäßigkeiten bei den Wahlen – 20 Prozent der Parlamentssitze erringen konnten und damit den größten oppositionellen Block stellten. Ihre Kernforderung, die «Einführung der Scharia», erhielt sie auch nach 2005 aufrecht, doch sah sie – zumindest in ihrem Programm von 2007 – als deren unveränderlichen Kern nur kultische Vorschriften und familienrechtliche Bestimmungen an und betonte im Übrigen den flexiblen Charakter der Scharia. Das System, mit dem Mitglieder rekrutiert werden, erinnert noch immer an eine Kaderpartei; allein die erste von fünf Stufen auf dem Weg zur Vollmitgliedschaft, die eines «Aspiranten» (*muhibb*), kann zwischen sechs Monaten und vier Jahren dauern; während dieser Zeit werden die Frömmigkeit und Linientreue des Anwärters sorgfältig beobachtet. Die Schätzungen der Mitgliederzahl fallen mit Angaben zwischen 100 000 und 600 000 höchst unterschiedlich aus, auch weil manchmal vage definierte Sympathisanten mit einbezogen werden.

Syrien

Die syrische Muslimbruderschaft ist aus einem Zusammenschluss mehrerer wohltätiger islamistischer Vereinigungen hervorgegangen, der sich 1944 den Namen der erfolgreichen ägyptischen Organisation gab. Syrische Studenten, die in Ägypten die Ideen Hasan al-Bannâs kennengelernt hatten, spielten dabei eine entscheidende Rolle. Mustafâ as-Sibâ'î, der erste Oberste Inspekteur (*murâqib 'âmm*) des syrischen Zweigs, war ein solcher heimgekehrter Student. Die Organisation stützte sich anders als in Ägypten aber vorwiegend auf Rückhalt in den größeren Städten und dort vor allem auf Handwerker und Kleinhändler; selbst in den besten Zeiten hatte sie nicht mehr als 10 000 Mitglieder.

Die Übernahme der Macht durch die entschieden säkularistische Ba'th-Regierung 1963 hatte Veränderungen im syrischen Wirtschaftsleben zur Folge, von denen diese Klientel direkt betroffen war. Erste Proteste wurden von Muslimbrüdern organisiert. Gegen Ende der 1960er Jahre war die Muslimbruderschaft in drei Fraktionen aufgespalten: Das Damaskus-Lager zeigte sich gegenüber dem Regime verhandlungsbereit, die Aleppo-Fraktion wollte mit dem Jihad auf einen günstigen Zeitpunkt warten, die Hama-Fraktion propagierte Gewaltanwendung ohne weiteres Abwarten. Der gewachsene politische und wirtschaftliche Einfluss der schiitischen Alawiten, die die Elite stellten, ausufernde Korruption und zunehmende Repression drängten die Damaskus-Fraktion dann an den Rand. 1976 begann eine Eskalation von Massendemonstrationen, Boykotten und Attentaten, hinter der die nordsyrische Fraktion steckte; das Regime stellte Kontakte zur Muslimbruderschaft 1980 unter Todesstrafe. Im Februar 1982 kam es in der nordsyrischen sunnitischen Hochburg Hama zu einem Aufstand, an dem Mitglieder der Muslimbruderschaft wesentlich beteiligt waren. Gut ausgerüstete Elitetruppen des Regimes brauchten zwei Wochen für die Niederschlagung der Erhebung; große Teile der Stadt wurden in Schutt und Asche gelegt. Die Zahl der Toten soll zwischen 5000 und 20 000 gelegen haben. Die syrische Muslimbruderschaft wurde durch diese Eskalation faktisch für drei Jahr-

zehnte zerschlagen; die Führung ging ins Exil, der Rückhalt im
Land und bei auswärtigen Verbündeten war schwer beschädigt.

Versuche einer Wiederannäherung an das Regime seit den
1990er Jahren kamen aus einer Position der Schwäche; ein Positionspapier, das ab 2001 diskutiert und erst 2005 verabschiedet
wurde, macht um islamistische Kernthemen einen Bogen und
stellt das islamische Recht eher als kulturellen Bezugsrahmen
dar, der konfessionelle Verschiedenheit respektiert. Dies ist angesichts der religiösen Diversität des Landes mit 13 Prozent
schiitischem, 10 Prozent christlichem und 3 Prozent drusischem
Bevölkerungsanteil auch nur realistisch.

Nach dem Ausbruch des syrischen Bürgerkriegs 2011 wird
die syrische Muslimbruderschaft trotz aller vergangenen Misserfolge als Kraft angesehen, die im sunnitischen Lager eine tragende Rolle für die Zukunft des Landes spielen kann. Dass sie
sich mit der Gewaltphase vor 1982 kritisch auseinandersetzt,
wird ihr zugutegehalten. Sie muss dazu aber erst einmal breiteren Rückhalt im Land gewinnen und das Problem der Überalte-
rung der Führung angehen. Die Gründung einer politischen
Partei wurde Anfang 2014 diskutiert; der Anteil der Mitglieder,
die der Muslimbruderschaft angehören, soll auf maximal die
Hälfte begrenzt werden. Dies ist auch eine Lehre aus dem Scheitern der ägyptischen Freedom and Justice Party im Sommer
2013, die personell sehr eng mit der ägyptischen Muslimbruderschaft zusammenhing.

Jordanien

Im Jahr 1946, also zwei Jahre später als in Syrien, wurde auch
in Jordanien ein Zweig der Muslimbruderschaft gegründet. Mit
ʿAbdallatîf Abû Qûra war auch hier ein Ägyptenheimkehrer
maßgeblich daran beteiligt. Die Gründung erfolgte mit König
Abdullahs (1946–1951) Billigung, aber dieser machte deutlich,
dass sich die Vereinigung jedweder politischer Betätigung enthalten solle. An diese Auflage hielt sie sich auch, indem sie
sich auf karitative und erzieherische Aktivitäten beschränkte.
Bisher sind den jordanischen Muslimbrüdern Katastrophen wie
die Verfolgung der ägyptischen und syrischen Brüder erspart

geblieben; eine Phase stark abgekühlter Beziehungen zum Regime in der ersten Hälfte der 1980er Jahre, ausgelöst durch allzu freimütige Kritik, verlief relativ glimpflich. Vielmehr entwickelten sich die Beziehungen zu König Hussein (1952–1999) zunehmend positiv; als Gegenkraft gegen linke Bewegungen war ihm die Organisation ebenso willkommen wie in den Auseinandersetzungen des jordanischen Staates mit der PLO 1970 und mit Syrien 1980, bei denen sie sich als treuer Verbündeter erwies. Die Loyalität zum Königshaus ermöglichte es den Muslimbrüdern, erheblichen Einfluss in den staatlichen Institutionen und den Berufsverbänden zu gewinnen; reichlich fließende Spenden besonders aus der Golfregion halfen beim Aufbau einer eigenen Infrastruktur im Bildungs- und Gesundheitsbereich.

Auf eine ökonomische Krise, die im Frühjahr 1989 zu Unruhen im Land führte, reagierte König Hussein mit einer Demokratisierungs- und Liberalisierungspolitik und beraumte für den Herbst des gleichen Jahres Parlamentswahlen an – die ersten seit 1967. Dabei errangen die Muslimbrüder zweiundzwanzig von achtzig Sitzen. Zusammen mit zwölf unabhängigen islamistischen Abgeordneten stellten sie den größten Block im Parlament, der in der folgenden Zeit islamistische Themen wie den öffentlichen Alkoholausschank diskutieren ließ, aber auch die Unterbindung und Aufklärung von Korruption und den Ausbau demokratischer Rechte forderte. Hussein reagierte auf diese überraschend starke und höchst unbequeme Opposition unter anderem 1991 durch die Nichtzulassung von Parteien mit Verbindungen ins Ausland, 1993 mit einem Neuzuschnitt der Wahlkreise, der ländliche Gebiete mit traditionell wenig Sympathien für den Islamismus bevorzugte, und mit einem Wahlgesetz, das Kandidaten politischer Parteien gegenüber solchen, die Clans oder Stämme vertraten, benachteiligte. Diese Maßnahmen hatten den gewünschten Erfolg, der politische Arm der jordanischen Muslimbrüder (die 1992 gegründete Islamische Aktionsfront) hat die Wahlen in der Folgezeit meistens boykottiert, zuletzt bei den Wahlen im Januar 2013. Der Sturz Mursis im Juli 2013 hat die jordanischen Brüder weiter in die

Defensive gebracht, doch bleiben sie eine politische Kraft, die
nicht ignoriert werden kann.

2. Islamistische Parteien in der Regierungsverantwortung

Die ägyptische «Freedom and Justice Party» (FJP)

Die ersten freien Parlamentswahlen in der Geschichte Ägyptens
Ende 2011/Anfang 2012 haben der Partei der ägyptischen Mus-
limbrüder, der Freedom and Justice Party (FJP), mit einem
Stimmenanteil von 47 Prozent zu einem haushohen Sieg verhol-
fen; diese Partei war im Frühjahr 2011 gegründet worden. Der
Kandidat der Partei und damit der Muslimbrüder, Mohammed
Mursi (geboren 1951), gewann anschließend auch die (politisch
wesentlich wichtigeren) Präsidentschaftswahlen im Mai und
Juni 2012. Der doppelte Erfolg währte jedoch nicht lange: Im
Juni 2012 erklärte das ägyptische Verfassungsgericht die Parlamentswahlen für ungültig, worauf das Parlament aufgelöst
wurde. Kurz nach Vollendung seines ersten Amtsjahrs wurde
Mursi am 3. Juli 2013 im Gefolge von Massenprotesten seines
Amtes enthoben. Der entsprechende Beschluss wurde von Ver-
teidigungsminister General Sisi in Gegenwart des Azhar-Groß-
scheichs al-Tayyeb und des koptischen Papstes Tawadros II.
verkündet.

Die Proteste hatten sich unter anderem an Mursis Versuchen
entzündet, bis zur Annahme einer neuen Verfassung nur noch
mit Dekreten zu regieren, gegen die keine Einspruchsmöglich-
keit bestand. Die darniederliegende Wirtschaft und Defizite bei
der öffentlichen Sicherheit haben darüber hinaus auch unpolitische Teile der Bevölkerung auf die Straßen geholt. Ein weiterer
wichtiger Grund für die Wut eines Teils der Ägypter war Paragraph 219 einer neuen Verfassung, die im Dezember 2012 in
einem Referendum mit immerhin 64 Prozent angenommenen
worden war. Dieser bezog sich auf den Paragraphen 2 der
Verfassung von 1980, demzufolge «die Prinzipien der islamischen Scharia die Hauptquelle der Gesetzgebung» seien. Paragraph 219 erläuterte nun: «Die Prinzipien der islamischen Scharia beinhalten deren sämtliche Beweise, ihre rechtsschöpfenden

Grundlagen und die Quellen, die von allen sunnitischen Rechtsschulen anerkannt werden.»

Diese Bestimmung, unauffällig in den Schluss- und Über-
gangsbestimmungen untergebracht, nennt mit Beweisverfahren,
Rechtsfindung sowie -fortbildung und Text-Quellen wesentliche
Elemente des klassischen islamischen Rechts. Der bislang eher
laxe Umgang mit der Scharia als Hauptquelle wäre schwieriger
geworden, bei enger Auslegung hätte eine tiefgreifende Umgestaltung des ägyptischen Rechts, auch in Bezug auf den Status
von Nichtmuslimen und auf das Strafrecht, die Folge sein können. Nach dem Sturz Mursis wurde diese Verfassung außer Kraft
gesetzt, und somit wird immer unklar bleiben, wie ernst Paragraph 219 gemeint war. Die hohe Zustimmung im Referendum
Ende 2012 und die Mobilisierung von Millionen von Mursi-
Gegnern ein halbes Jahr später waren einerseits ein Indiz für
einen Sinneswandel, zeugen andererseits aber von einem tiefen
Dissens innerhalb der ägyptischen Gesellschaft.

Salafistische Parteien im ägyptischen Parlament

Kurz nach dem Sturz Mubaraks im Februar 2011 gründeten
sich mehrere salafistische Parteien. Die größte von ihnen, die
Partei des Lichts (*Hizb an-Nûr*), konnte bei den Parlamentswahlen fast ein Viertel der Stimmen gewinnen. Zusammen mit
zwei anderen salafistischen Parteien hatte sie einen islamischen
Listenblock gebildet, der im Gesamtergebnis auf 27,8 Prozent
kam. Sowohl die Gründung mehrerer salafistischer Parteien als
auch deren insgesamt gutes Abschneiden waren eine große
Überraschung.

Die Existenz salafistischer Gruppen in Ägypten geht auf die
1920er Jahre zurück. 2014 war die in Alexandria beheimatete
Salafistische Verkündigung (*ad-Da'wa as-Salafîya*) mit etwa
100 000 Mitgliedern die größte von ihnen. Unter Sadat und
Mubarak wurden die Salafisten, sofern sie sich deutlich genug
von radikalen Gruppen wie dem Islamischen Jihad und der Islamischen Gemeinschaft (*al-Jamâ'a al-Islâmîya*) abgrenzten, wegen ihrer apolitischen Haltung und als Gegengewicht zu linken
Kräften beziehungsweise den Muslimbrüdern toleriert. Unter

Mubarak wurde ihnen sogar die Gründung von Schulen und TV-Präsenz erlaubt; die Zahl der salafistischen Fernsehkanäle betrug bis zu zwölf.

Die ägyptischen Salafisten haben die Muslimbrüder wegen ihrer stark politischen Ausrichtung immer kritisiert. Als Befürworter eines demokratischen Staates mit Gewaltenteilung sind sie nie in Erscheinung getreten, sondern haben ihn im Gegenteil grundsätzlich abgelehnt. Die Gründung salafistischer Parteien bedeutete also einen dramatischen Kurswechsel, der damit begründet wurde, dass es nun möglich war, die Gesellschaft durch politische Arbeit umzugestalten. Der Internetauftritt der Partei des Lichts (alnourparty.org), die der politische Ableger der Salafistischen Verkündigung ist, entspricht diesem Pragmatismus; an der Formulierung des hier veröffentlichten Programms waren auch nichtsalafistische Experten beteiligt. Es distanziert sich von der Idee einer Theokratie und akzeptiert «den Wunsch des Volkes nach Gewaltenteilung». Bestehende Verträge sollen respektiert werden – dies ist nicht zuletzt auf den ägyptisch-israelischen Friedensvertrag zu beziehen. In Bezug auf die Scharia wird der Satz wiederholt, der schon seit 1980 in der ägyptischen Verfassung steht, dass nämlich ihre Prinzipien die Hauptquelle der Gesetzgebung seien; durch diese Prinzipien sieht man auch die Religionsfreiheit der Kopten geschützt. Den Frauen werden die Rechte zugebilligt, die «ihnen der Islam garantiert»; ähnlich mehrdeutig wird auch «vollständige Gleichheit von Männern und Frauen in Bezug auf die Menschenwürde» zugesichert.

In liberalen ägyptischen Kreisen wie auch im Westen werden die Salafisten mit Misstrauen betrachtet, wozu nicht wenige ihrer Äußerungen und Aktionen vor dem Umbruch und auch danach allen Anlass geben. Den salafistischen Parteien wird eine massive versteckte Finanzierung aus den Golfstaaten vorgeworfen. Eine Einbindung in die politische Verantwortung könnte zu einer Mäßigung nicht nur in der Selbstdarstellung, sondern auch in ihrer Auslegung des Islams führen. Ebenso kann aber die zunehmende Notwendigkeit, auf politische Sachzwänge Rücksicht zu nehmen, eine Entfremdung zwischen politischen und rein religiösen Salafisten zur Folge haben. In jedem Fall ist das religiös-politische Monopol der Muslimbrüder durch den Erfolg der Salafisten gebrochen. Beim Sturz Mursis standen sie auf der Seite des Militärs und der restlichen nichtislamistischen Opposition.

Die tunesische Ennahda

Tunesien, seit 1881 französisches Protektorat, wurde 1956 unabhängig. Habib Bourguiba regierte das Land bis 1987; sein entschieden prowestlicher, säkularistischer Kurs, der Bourguibismus, prägt das Land heute noch deutlich. Bekanntestes Symbol dieser Orientierung war das Verbot der Polygamie im Personalstatut von 1956; mit dieser klaren gesetzlichen Regelung steht Tunesien in der arabischen Welt allein. Islamistische Bestrebungen wurden unter Bourguiba ebenso wie unter seinem Nachfolger Ben Ali (1987–2011) unterdrückt.

Zu den verbotenen Organisationen gehörte unter anderem die gegen westliche und linke Einflüsse protestierende Islamische Gemeinschaft, die Râshid al-Ghannûshî (Rached Ghannouchi, geboren 1941) 1970 gründete. Ermutigt auch durch die Islamische Revolution in Iran, nahm al-Ghannûshî seine Aktivitäten 1981 mit der Gründung der Bewegung der Islamischen Tendenz wieder auf, was zweimal zu seiner Inhaftierung führte, von 1981 bis 1984 und erneut 1987 bis 1988. Obwohl Ben Ali eine politische Lockerung angekündigt hatte, wurde diese Partei, die sich ab 1989 «Ennahda» nannte (*an-Nahda* bedeutet «Wiedererwachen»), nicht zu den Parlamentswahlen desselben Jahres zugelassen; der Grund dafür lag in ihrer Weigerung, das als unislamisch angesehene Personalstatut von 1956 anzuerkennen. Die Radikalisierung eines Teils der Anhängerschaft Ennahdas und die verschärfte Repression durch den Staat verstärkten sich gegenseitig; von 1991 bis 2011 waren Anhänger der Organisation und anderer islamistischer Gruppen zu Tausenden in Haft oder gingen ins Exil. Al-Ghannûshî fand Asyl in Großbritannien und kehrte erst nach Ben Alis Sturz in seine Heimat zurück. Dort übernahm er die Führung von Ennahda, die am 1. März 2011 als politische Partei zugelassen wurde.

Am 23. Oktober des gleichen Jahres wurden Wahlen zur verfassunggebenden Versammlung abgehalten. Dieses Organ war auch für die spätere Organisation von Präsidentschaftswahlen und für die Ernennung von Regierungen zuständig, seine Amtszeit war allerdings auf ein Jahr beschränkt. Aus den Wahlen ging Ennahda mit 89 von 217 Sitzen (41 Prozent) als Siegerin hervor; dabei kam ihr ähnlich wie der FJP in Ägypten ihr logistischer und organisatorischer Vorsprung zugute. Weitere zehn Parteien mit einer islamistischen Agenda waren angetreten, konnten aber keine nennenswerten Erfolge erzielen.

Al-Ghannûshî ist besonders im Westen durch seine positive Einstellung zur Demokratie mit Parteienpluralismus bekannt geworden. Das in seinen Augen aggressive und inhumane Agieren westlicher demokratischer Staaten auf zwischenstaatlicher Ebene zeigt ihm zufolge allerdings das zentrale Defizit liberaler Demokratien auf, nämlich das Fehlen eines universellen ethischen Fundaments. Ein solches Fundament kann seiner Ansicht nach für die mehrheitlich islamische Welt nur der Islam sein. Dass die Demokratie außerhalb von dessen Einflussgebiet entstanden ist, sei überhaupt kein Grund für Vorbehalte; sie sei vielmehr ein hervorragendes Instrument, um den islamischen Gedanken der Konsultation (*shûrâ*) im Rahmen islamischer Werte zu verwirklichen. Tatsächlich geht sein Respekt vor der Volkssouveränität so weit, dass er dem Wähler ein Vetorecht gegen inakzeptable Auslegungen der Scharia zugesteht und verspricht, eine Entscheidung für eine laizistische Verfassung zu respektieren. Eine einmal getroffene Entscheidung für eine islamische Verfassung sei allerdings nicht umkehrbar.

Verschiedene Äußerungen al-Ghannûshîs werden von seinen Gegnern als Zeichen großer Nähe zum illiberalen Gedankengut der Muslimbrüder gewertet. Kritisiert werden unter anderem seine Vorstellungen vom Status der Nichtmuslime und vom Umgang mit Apostaten, also mit Muslimen, die zu einer anderen Religion übergetreten sind. Im März 2012 hat er immerhin entschieden, dass in der Verfassung die Scharia als Quelle der Gesetzgebung nicht genannt werden müsse; mit der Definition Tunesiens als islamischer Staat und der Nennung des Islams als Staatsreligion in Paragraph 1 sei dies unnötig. Damit hat er sich gegen Teile der Führerschaft und vor allem der Ennahda-Basis mit ihren salafistischen Sympathien gestellt, konnte sich aber durchsetzen: In der neuen tunesischen Verfassung, die im Januar 2014 mit sehr großer Mehrheit angenommen wurde, ist die Scharia nicht genannt. Darüber hinaus wird die Glaubens- und Gewissensfreiheit garantiert.

Die marokkanische «Partei für Gerechtigkeit und Entwicklung» (PJD)

Marokko wurde wie Tunesien 1956 aus dem Status eines französischen Protektorats entlassen. Das Land wird seit dem 17. Jahrhundert von der Dynastie der alawidischen Scherifen regiert, zunächst als Sultanat und seit 1957 als Königreich. Der zusätzliche Titel eines Befehlshabers der Gläubigen (*amîr al-mu'minîn*, praktisch mit Kalif gleichbedeutend) ist im Maghreb schon seit den Almohaden (1130–1269) üblich; im Falle der alawidischen Scherifen ist dies durch ihre Abstammung vom Propheten Muhammad auch glaubhafter legitimiert als bei früheren marokkanischen Dynastien und seit 1962 in der Verfassung offiziell festgehalten. Der seit 1999 regierende König Mohammed VI. übt wie schon sein Vater Hassan II. das Amt des geistlichen Oberhaupts der Marokkaner aus, indem er die Kompetenz für die staatliche Religionspolitik beansprucht und sich bei Freitagsgebeten, religiösen Festen und staatlichen Zeremonien in traditionellem Ornat zeigt, manchmal auch zu Pferd und von einem altertümlichen Sonnenschirm beschattet. In der im Juli 2011 mit 97 Prozent der Stimmen angenommenen novellierten Verfassung ist seine Stellung als «Befehlshaber der Gläubigen» nach wie vor festgehalten. Dieselbe Verfassung enthält aber erstmals auch die Bestimmung, dass ein Repräsentant der Partei mit der größten Zahl an Parlamentssitzen zum Premierminister ernannt werden muss, und dementsprechend wurde nach den Wahlen vom November 2011 Abdelilah Benkirane von der PJD (*Parti de la justice et du développement*, Partei für Gerechtigkeit und Entwicklung) Regierungschef. Obwohl die neue Verfassung dem Premierminister gegenüber früheren Fassungen einige zusätzliche Befugnisse überträgt, verbleiben wesentliche Rechte beim König, so dass man im Fall Marokko noch nicht von einer konstitutionellen Monarchie sprechen kann.

Benkirane ist Generalsekretär der PJD, die bei den Wahlen von 2011 27 Prozent der Sitze errang. Die Wurzeln der PJD reichen zurück in die 1970er Jahre, als sich eine islamische Jugendbewegung in Opposition zum damals linken studentischen Milieu bildete. Benkirane spaltete sich 1981 von der teilweise gewalttätigen Gruppierung ab und meldete mit seiner Formation MUR (*Mouvement de l'unicité et de réforme*) gegen Ende der 1980er Jahre politische Ambitionen an. König Hassan II. (1961–1999) unterstützte diese Bestrebungen, um radikaleren Islamisten den Wind aus den Segeln zu nehmen. Der Weg zur eigenständigen Partei dauerte lange, und die Umbenennung in PJD erfolgte erst 1998. Seit ihrer ersten Teilnahme an Parlamentswahlen 1997 konnte die Partei ihre Ergebnisse kontinuierlich verbessern; besonderen Anklang findet sie bei der jungen Mittelschicht. Ideologisch ist sie gemäßigt, die Forderung nach Einführung der Scharia spielt in ihrem Programm keine Rolle. Vielmehr laufen ihre Bestrebungen auf eine islamische Akzentuierung der öffentlichen Moral hinaus, etwa mit einem Wertekodex für Medien und Kultur oder der Förderung «sauberer» Banken, ergänzend zum bestehenden Finanzsystem. Die Organisation MUR besteht seit der Parteigründung in einer parallelen, personell eng mit der PJD verflochtenen Struktur fort; sie ist für rigidere religiöse Propaganda zuständig und stellt eine Art von Kaderschmiede dar. Das Verhältnis zwischen MUR und PJD ähnelt dem von ägyptischen Muslimbrüdern und FJP.

Schärfster Kritiker und zu Wahlen nicht zugelassener Konkurrent der PJD ist die Gemeinschaft für Gerechtigkeit und Wohlfahrt (*Jamâ'at al-'Adl wa-l-Ihsân*) des Sufis und Gelehrten Abdessalam Yassine ('Abdassalâm Yâsîn), der 2012 starb und wegen seiner radikalen Kritik an der marokkanischen Monarchie jahrelang in Haft war und noch länger unter Hausarrest stand. Aus der Sicht dieser Organisation, der größten islamistischen Vereinigung des Landes, ist der monarchiefreundliche

Kurs der PJD zum Scheitern verdammt. Unter dem Eindruck der salafistischen Parteigründungen in Ägypten scheint die Etablierung einer gemäßigten marokkanischen Salafisten-Partei möglich, nicht zuletzt als Gegengewicht zur Gemeinschaft für Gerechtigkeit und Wohlfahrt. In diesem Feld muss sich die PJD mit ihrem systemfreundlichen Kurs behaupten.

Die türkische «Partei für Gerechtigkeit und Entwicklung» (AKP)

«Partei für Gerechtigkeit und Entwicklung» ist nicht nur die Übersetzung des Namens der marokkanischen PJD, sondern auch die der 2001 (also nach der PJD) entstandenen türkischen AKP (*Adalet ve Kalkınma Partisi*, Kurzform: *Ak Parti*). Auffällige Ähnlichkeit weisen auch die Logos der beiden Parteien auf; das der PJD zeigt eine Öllampe mit Glaszylinder, brennendem Docht und fünf Strahlen, das der AKP eine leuchtende Glühbirne mit sieben Strahlen. Eine weitere Gemeinsamkeit ist, dass keine der beiden Organisationen die Einführung der Scharia fordert.

In einigen anderen Punkten bestehen jedoch große Unterschiede. Erstens hat die Türkische Republik eine viel längere demokratische Tradition; das Mehrparteiensystem wurde 1946 eingeführt, und die Befugnisse der gewählten Regierungen waren immer viel größer als in Marokko. Zweitens hat die AKP schon unmittelbar nach ihrer Gründung bedeutende Wahlerfolge erzielt und konnte diese noch ausbauen (2002: 34,4 Prozent, 2007: 46,6 Prozent, 2011: 49,8 Prozent). Drittens hat sich die türkische Wirtschaft unter der AKP im ersten Jahrzehnt ihrer Herrschaft stetig und teilweise stürmisch aufwärtsentwickelt.

Die Geschichte des politischen Islams beginnt in der Türkischen Republik mit den Parlamentswahlen von 1950, aus denen die Demokratische Partei von Adnan Menderes (1950–1960) als Sieger hervorging. Unter Menderes wurden etliche Bestimmungen Atatürks zur Verdrängung des Islams aus dem öffentlichen Raum rückgängig gemacht, der Bau neuer Moscheen florierte, theologische Fakultäten wurden eröffnet, und der Gebetsruf erfolgte wieder in arabischer Sprache, nicht auf

Türkisch. Der erste Putsch in der Geschichte der Türkischen
Republik im Jahr 1960, der 1961 zur Hinrichtung von Menderes führte, wurde von der oppositionellen kemalistischen
CHP unter anderem mit dessen «reaktionärem» Gebaren begründet; Menderes wurde erst unter dem frommen Premierminister Turgut Özal (1983–1989) rehabilitiert.

Der eigentliche Islamismus machte sich seit dem Ende der
1960er Jahre bemerkbar, also kurz nach der traumatischen
arabischen Niederlage im Sechstagekrieg, und ist eng mit der
Person von Necmettin Erbakan verbunden, einem an der Technischen Hochschule Aachen ausgebildeten Professor für Ma-
schinenbau. Erbakan führte ab 1970 nacheinander fünf islamistische Parteien an, von denen die ersten vier jeweils nach einiger
Zeit verboten wurden. Die fünfte, die Saadet Partisi (Glückseligkeitspartei), konnte seit ihrer Gründung 2001 nur noch Ergebnisse im kleinen einstelligen Prozentbereich erringen. Dabei
hatte es Erbakan als Führer der Refah Partisi (RP) in einer Koa-
litionsregierung ab 1996 zum ersten islamistischen Premierminister der Türkischen Republik gebracht. Ankündigungen, die
Scharia einzuführen, setzte er nicht um, den öffentlichen Raum
versuchte er aber mit Alkoholverboten und vergleichbaren
Maßnahmen erkennbar zu islamisieren. Obwohl er die außenpolitischen Bindungen des NATO-Mitglieds Türkei nicht antas-
tete, erzwang das Militär 1997 in einem «kalten Putsch» seinen
Rücktritt. Dabei war es gerade das Militär gewesen, das nach
dem Putsch von 1980 mit dem Programm einer «Türkisch-Isla-
mischen Synthese» den Boden für die Islamisierung der Nation
bereitet hatte, unter anderem als Bollwerk gegen den radikalen
Islamismus, der im Anschluss an die islamische Revolution in
Iran auch in der Türkei vermehrt Anhänger fand.

Aus der Nachfolgepartei der RP, der Fazilet Partisi, entstand
neben der glücklosen Glückseligkeitspartei auch Recep Tayyip
Erdoğans AKP, die die Grundsätze des Kemalismus akzeptierte
und sich klar zur westlichen Gemeinschaft bekannte. Ob sie
als islamistisch, «post-islamistisch» oder «islamisch-demokra-
tisch» zu bezeichnen ist, wird innerhalb und außerhalb der Türkei seit 2002 erbittert diskutiert. Dass die AKP weltanschau-

liche Präferenzen hat, ist nicht zu bestreiten; dies äußert sich wie schon bei der RP in Restriktionen beim Alkoholausschank oder in Versuchen, in Schwimmbädern und Studentenwohnheimen die Geschlechter zu trennen. All dies erreichte sie aber ohne einen «islamischen Staat», den sie nach den Unterstellungen ihrer Gegner in einer geheimen Agenda anstrebt, aber auch nach über einem Jahrzehnt als Regierungspartei noch nicht errichtet hat. Ein «laizistischer» Staat ist die Türkei, die sich seit Atatürks Zeiten selbst so bezeichnet, ohnehin nur in einem eingeschränkten Wortsinn. Das 1924 gegründete Präsidium für Religiöse Angelegenheiten (Kurzform: Diyanet) sollte nach Atatürks Willen für eine staatliche Kontrolle der Religion sorgen. Es beschäftigt heute weit über 100 000 Vorbeter, Prediger und Rechtsgelehrte, die zumeist Staatsbeamte sind und sich nur eingeschränkt politisch betätigen dürfen; im Staatshaushalt der Türkei macht es einen der größten Posten aus.

Die Hamas im Gazastreifen

Die Hamas wurde im Dezember 1987 aus dem palästinensischen Zweig der Muslimbruderschaft heraus gegründet, auf dessen Agenda vorher eine «Islamisierung von unten» gestanden hatte. Die Gründung erfolgte direkt nach Ausbruch des ersten Aufstands (Intifada) der Palästinenser in den von Israel 1967 besetzten Gebieten Westjordanland und Gazastreifen und kurz vor der Anerkennung Israels durch die PLO, die Dachorganisation des palästinensischen Widerstands. Die Hamas hat sich als eigenständige Kraft dieses Widerstands etabliert, bei den Wahlen zum palästinensischen Legislativrat Anfang 2006 einen für sie selbst überraschenden Wahlerfolg erzielt und geriet danach in einen heftigen Machtkampf mit der linkssäkularistischen Fatah. An der 2007 vollzogenen politischen Spaltung zwischen dem von der Fatah beherrschten Westjordanland und dem von ihr kontrollierten Gazastreifen hat die Hamas einige Mitverantwortung. Ihre politische Bilanz ist gemischt, aber im Umfeld des Palästina-Konflikts mit massiver internationaler Einmischung und dem übermächtigen Gegner Israel, dessen Handeln oft kompromisslos hart, unverblümt egoistisch und er-

staunlich kurzsichtig wirkt, kann auch nicht mehr als eine sehr
gemischte Bilanz erwartet werden. Im Folgenden soll aber gar
kein Urteil über Erfolge und Misserfolge gefällt werden, und
ebenso wenig kann die komplizierte Geschichte des Konflikts
mit dem Scheitern des Oslo-Friedensprozesses und dem Andau-
ern von Siedlungsbau und Gewalt auch nur ansatzweise skizziert werden. Vielmehr soll die Entwicklung einer Organisation
beschrieben werden, die mit den beiden Zielen von Islamisierung und (fast aussichtlos erscheinendem) nationalem Befreiungskampf einen singulären Status innerhalb des Islamismus
hat.

Nachdem in der Folge des ersten arabisch-israelischen Kriegs
1948 das Westjordanland an Jordanien gefallen und der Gazastreifen unter ägyptische Kontrolle geraten war, entwickelten
sich die in diesen beiden Teilen Palästinas entstehenden Zweige
der Muslimbruderschaft bis zur israelischen Besetzung 1967
weitgehend unabhängig voneinander. Die monarchiefreundli-
chen jordanischen Muslimbrüder wurden schon in Kapitel IV.1
behandelt. Der Zweig im Gazastreifen war lange eng an die
ägyptische Mutterorganisation gebunden und konzentrierte
sich unter dem Druck der nasseristischen Verfolgung noch weit
über den Tod Nassers hinaus auf Erziehung, Mission und den
Bau von Moscheen. Israel hat die Organisation nach 1967
wohlwollend geduldet, vielleicht sogar gefördert, da es religiöse
Aktivitäten als willkommenes Gegengewicht zur PLO ansah.

Die Muslimbrüder im Gazastreifen wurden nachhaltig vom
Wirken des 1936 geborenen Ahmad Yâsîn geprägt, dessen
Eltern 1948 mit ihm aus einem Dorf beim heutigen israelischen
Ashkelon geflüchtet waren. Yâsîn wurde 1968 zum Führer des
regionalen Zweigs der Organisation. Er war ein unermüdlicher
Aktivist nach dem Vorbild Hasan al-Bannâs und gründete 1970
eine islamische Vereinigung mit Filialen in verschiedenen
Flüchtlingslagern im Gazastreifen. Israel gegenüber übte er zunächst politische Zurückhaltung. Die israelische Besatzungs-
behörde ließ Yâsîns Islamisches Zentrum erst 1979 zu. Spätestens zu diesem Zeitpunkt begaben sich seine Anhänger auf
einen erfolgreichen langen Marsch durch die Berufsverbände,

die Islamische Universität Gaza und die Verwaltung der Frommen Stiftungen. Parallel zu der von den Muslimbrüdern im Gazastreifen vorangetriebenen Islamisierung hatte sich der palästinensische Islamische Jihad gebildet, der bewaffneten Widerstand gegen Israel unter religiösen Vorzeichen leistete. Unter dem Eindruck dieser Entwicklung begann 1984 auch bei den Muslimbrüdern eine Phase wachsender Militanz.

Als im Dezember 1987 mit der ersten Intifada ein palästinensischer Massenaufstand gegen das Besatzungsregime ausbrach, gründeten Yâsîns Muslimbrüder noch im selben Monat die Bewegung des Islamischen Widerstands (*Harakat al-Muqâwama al-Islâmîya*), die wenig später unter der Abkürzung «Hamas» auftrat (das arabische Wort *hamâs* bedeutet «Eifer»). Das Ziel der neuen Gruppierung war es, den Aufstand der Palästinenser in Konkurrenz zur stärksten linkssäkularistischen Bewegung, der Fatah, als Sache der Muslimbrüder zu reklamieren und damit deren Einfluss erheblich auszuweiten. Darüber hinaus grenzte sich die Hamas scharf von der Bereitschaft der Fatah und der restlichen PLO ab, mit Israel zu verhandeln und dessen Grenzen vor 1967 anzuerkennen. Die Hamas propagierte dagegen die Errichtung eines islamisch-palästinensischen Staates auch auf israelischem Kerngebiet.

Aus der frühen Zeit stammt die berüchtigte Charta der Hamas, die anscheinend ohne eine breitere Abstimmung im August 1988 publiziert wurde. Sie liest sich streckenweise wie eine radikal islamisierte Version der Palästinensischen Nationalcharta der PLO von 1968. Der politische Gegner wird hier in «den Juden» ausgemacht, die sich verschworen hätten, die Weltherrschaft zu erlangen, soweit ihnen dies nicht schon gelungen sei. Mit den Kolonialisten seien die Juden in einer erfolgreichen Allianz verbündet. Trotzdem wird Juden und Christen grundsätzlich islamische Toleranz zugesagt – sofern sie sich islamischer Oberhoheit unterstellten. Bemerkenswert ist Artikel 11 der Charta, in dem Palästina als heiliges, unveräußerliches islamisches Stiftungsland (*waqf*) bezeichnet wird, eine Behauptung, die im klassischen islamischen Recht keine Grundlage hat. Es scheint sich hier um eine Replik auf den Anspruch jüdisch-nationalreligiöser Siedler zu handeln, die «Eretz Israel», das «Land Israel», einschließlich des Gazastreifens und des Westjordanlandes als gottgegebenen jüdischen Besitz ansehen.

Die Hamas hat sich zwar schon bald nach der Veröffentlichung der Charta differenzierter geäußert, scheint aber bis heute eine formelle Distanzierung von diesem Text als vermeintliches Zeichen von Schwäche zu scheuen. Dafür muss sie erhebliche Nachteile in Kauf nehmen; ihre Einstufung als Terrororganisation – durch Israel schon 1989, durch die USA seit 1993 und durch die EU seit 2003 – wird auch mit der Charta begründet. In gewisser Hinsicht ist aber die Beteiligung an den Wahlen zum Parlament, genauer: zum Palästinensischen Legislativrat, vom Januar 2006 ein Zeichen für zunehmenden Pragmatismus, weil damit indirekt Ergebnisse der früher vehement abgelehnten Oslo-Abkommen zwischen der PLO und Israel anerkannt werden. Dass Hamas-Kandidaten im ganzen Autonomiegebiet fast 60 Prozent der Sitze errangen, lag zu guten Teilen an der Zerstrittenheit, Inkompetenz und Korruption der Fatah und weniger an Sympathien für Islamisierungspläne im Wahlprogramm der Organisation. Ismail Haniyas Regierungsprogramm vom März 2006 war nicht nur an die eigenen Wähler und Abgeordneten gerichtet, sondern auch an die übrigen Wähler, die Fatah und andere Wahlverlierer sowie schließlich an die ganze internationale Gemeinschaft. Doch auch wenn man dies in Rechnung stellt, ist nicht zu übersehen, dass die Erklärung in der Sprache des internationalen Rechts gehalten ist und sich direkt oder indirekt am Konzept der Zweistaatenlösung orientiert; die alten Maximalforderungen sind in den Hintergrund getreten. Seit der Übernahme der Alleinherrschaft im Gazastreifen Mitte 2007 wird der Hamas von der Bevölkerung mangelnde finanzielle Transparenz, Unterdrückung der Opposition (also vor allem der Fatah) und periodisch wiederkehrendes moralisches Eiferertum vorgeworfen. Sie hat sich seit ihrem Wahlerfolg nicht wieder durch Wahlen legitimieren lassen.

3. Al-Qaida

Schon vor und neben al-Qaida haben einzelne radikalislamistische Grüppchen und Gruppen Anschläge auf Zivilisten geplant oder verübt und sich auch gegen den Westen gewandt. Al-Qaida hat aber die globale Ausrichtung der Gewaltanwendung regelrecht zum Programm gemacht und sticht auch durch die Dimension und Symbolkraft einiger Anschläge heraus. Das Phänomen al-Qaida ist schwer zu fassen, doch man kann drei Elemente auseinanderhalten:

– einen harten, zeitweise straff organisierten Kern mit dem einstmals vermögenden Bin Laden im Zentrum, der sich mit einem Dutzend Arabern umgab, vor allem Ägyptern;

– eine Ideologie des Jihad gegen den fernen, westlichen Feind, der geschwächt und vertrieben werden soll, um danach die korrupten Herrscher in der arabischen Welt zu stürzen;

– ein Netz aus Gruppen mit verwandten Zielen und mit Verbindungen zu Personen aus dem harten Kern.

Entstanden ist al-Qaida 1988 während des afghanischen Befreiungskampfes gegen die sowjetische Besatzung. Wegen der Führung durch den Saudi Bin Laden und der zahlenmäßigen Dominanz von Saudis unter den Kämpfern ist die religiöse Ausrichtung stark wahhabitisch-salafistisch geprägt. Die ideologisch tonangebenden Ägypter vertraten einen radikalen Islamismus Qutb'scher Prägung mit vagen Fernzielen, aber starker Betonung des Jihad gegen die Regime im arabischen Raum. Aus diesem Grund wird die in Afghanistan entstandene Mischform des militanten Islamismus zutreffend als «jihadistischer Salafismus» bezeichnet. Es muss hinzugefügt werden, dass sich beileibe nicht alle Araber, die zum Training oder zum Kampf in Afghanistan waren, al-Qaida angeschlossen haben, und dies teilweise auch deshalb, weil sie deren Ziele nicht als islamisch legitimiert ansahen.

Die Informationen über al-Qaida und die von ihr verübten Anschläge sind lückenhaft und widersprüchlich, und ihre Interpretation wird oft von politischen Interessen und Weltanschauungen gefärbt. Trotzdem ist es möglich, die bisherige Geschichte der Organisation und der sie tragenden Ideen in vier Phasen zu unterteilen. Die erste Phase von der Gründung im August 1988 im pakistanischen Peschawar bis zur Rückkehr Bin Ladens nach Saudi-Arabien im November 1989 ist die einer losen Organisation, die überwiegend am afghanischen Befreiungs-Jihad interessiert war. Die zweite Phase reichte vom Sommer 1990 bis 1995; sie ist durch den stufenweisen Bruch Bin Ladens mit Saudi-Arabien und die Identifizierung der USA als Hauptfeind gekennzeichnet. In der dritten Phase wurde die Wendung gegen die USA in die Praxis umgesetzt; seit der «Kriegserklärung» von 1996 eskalierte die Entwicklung und fand ihren Höhepunkt in den Anschlägen vom 11. September 2001. In der anschließenden vierten Phase wurde die Spitze der Kern-Organisation im afghanisch-pakistanischen Grenzgebiet nach und nach dezimiert und praktisch handlungsunfähig, während Einzelpersonen oder Gruppen im Namen al-Qaidas oder auch nur von ihr inspiriert Anschläge verübten oder gar «Islamische Staaten» ausriefen, und zwar auch noch nach der Tötung Bin Ladens im Mai 2011.

Der Befreiungskampf in Afghanistan begann kurz nach der sowjetischen Invasion im Dezember 1979 und wurde zunächst nur von afghanischen Guerilla-Kämpfern geführt, die sich Mujâhidîn («Jihad-Kämpfer») nannten, um das religiöse Element des Widerstands gegen die atheistischen Besatzer zu betonen. Die USA unterstützten die Mujâhidîn mit Waffenlieferungen und Geld; insgesamt sollen bis 1989 rund 3 Milliarden US-Dollar geflossen sein. Das Geld wurde aber ausschließlich über den pakistanischen Militärgeheimdienst ISI verteilt, der sich bei der Auswahl der Empfänger von seinen eigenen Interessen leiten ließ und streng islamistische Gruppen bevorzugte. Arabische Freiwillige waren in den ersten Jahren des Krieges nur als humanitäre Helfer auf der pakistanischen Seite der Grenze tätig. Dies änderte sich ab 1984 mit der Errichtung eines Gästehauses für potentielle arabische Kämpfer in Peschawar durch Bin Laden und der Gründung eines Dienstleistungsbüros für die arabischen Freiwilligen, die sich seit dieser Zeit in größerer Zahl mel-

deten. Das Büro hatte er zusammen mit seinem Mentor ʿAbdallâh ʿAzzâm gegründet.

Die beiden Männer hatten sich schon in Saudi-Arabien kennengelernt. Der 1957 oder 1958 geborene Osama Bin Laden
(Usâma Bin Lâdin), Sohn eines aus dem Jemen stammenden saudischen Bauunternehmers und Milliardärs, wuchs in Dschidda
im Hijâz auf und hatte 1976 an der dortigen Universität das
Studium der Betriebswirtschaft und des Bauingenieurwesens
aufgenommen. Der 1941 geborene palästinensische Religionsgelehrte ʿAbdallâh ʿAzzâm hatte Jordanien nach langjähriger
Lehrtätigkeit 1980 verlassen und warb auf Tourneen durch die
ganze Welt für die Unterstützung des afghanischen Jihad. Um
junge Männer zur Beteiligung zu motivieren, entwickelte er die
Lehre von der Pflicht *aller* Muslime zum Kampf, wenn islamisches Territorium von Nichtmuslimen besetzt ist; dies ist eine
Verschärfung des klassischen Jihad-Konzepts. Bei seinen Propa-
ganda-Auftritten in Dschidda war er Gast Bin Ladens. 1984 ließ
er sich in Peschawar nieder; Bin Laden folgte im selben Jahr. Ab
1986 ließ dieser – auch mit schwerem Baugerät aus der Firma
der Familie – militärische Stellungen in der Nähe der pakistanisch-afghanischen Grenze ausbauen und nahm selbst an klei-
neren Kämpfen teil. Dabei hatte er eine Gruppe von Kämpfern
um sich, die nur aus Arabern bestand, vor allem solchen aus
Saudi-Arabien.

Gleichzeitig gewannen seit dieser Zeit ägyptische Radikal-
islamisten, besonders aus der Gruppierung des ägyptischen
Islamischen Jihad (*al-Jihâd al-Islâmî*), verstärkt Einfluss auf Bin
Laden. Diese Formation war ebenso wie die Islamische Gemeinschaft (*al-Jamâʿa al-Islâmîya*) gegen Ende der 1970er Jahre aus
den zahlreichen islamistischen Gruppen entstanden, die sich an
den Universitäten Ägyptens gebildet hatten, durchaus auch mit
Unterstützung des Sadat-Regimes. Der Islamische Jihad und die
Islamische Gemeinschaft hatten sich 1981 kurz zur Ermordung
Sadats zusammengetan und waren anschließend innerhalb
Ägyptens unter großen Verfolgungsdruck geraten. Mitte der
1980er Jahre konstituierten sich beide Gruppen im pakistanisch-afghanischen Grenzgebiet neu. An der Wiederbegrün-

dung des Islamischen Jihad hatte der 1951 geborene ägyptische
Arzt Aiman az-Zawâhirî großen Anteil gehabt, der nach dem
Attentat auf Sadat drei Jahre in Haft gewesen war und 1985
nach Pakistan übersiedelte. Infolge zunehmender Entfremdung
zwischen ʿAbdallâh ʿAzzâm und Bin Laden gründete dieser im
August 1988 eine eigene Organisation zur Rekrutierung und
Ausbildung arabischer Freiwilliger. Deren Name soll *al-Qâʿida
(al-ʿaskarîya)* gewesen sein, was «(militärische) Basis» bedeutet.
Eine konkurrierende Erklärung des Namens al-Qaida besagt,
dass es sich um eine Registrierungs-Datenbank zu den arabischen Freiwilligen gehandelt habe, die wegen der zahlreichen
Anfragen von Verwandten vor allem aus Saudi-Arabien angelegt wurde.

   Auch nach dem Abzug der Sowjets aus Afghanistan (Mai
1988 bis Februar 1989) beteiligte sich al-Qaida an den Kämpfen gegen das kommunistische Regime in Kabul, das im Frühjahr 1992 fiel. Bin Laden war aber auf Geheiß der saudischen
Regierung schon im Herbst 1989 in seine Heimat zurückge-
kehrt und hatte sich dort zunächst für einen Jihad gegen das
kommunistische Regime im Südjemen eingesetzt. Dieser Region
fühlte er sich wegen der Herkunft seines Vaters aus der süd-
jemenitischen Provinz Hadramaut besonders verbunden, aber
durch die Vereinigung Nord- und Südjemens im Mai 1990
wurde das Vorhaben gegenstandslos.

   Im August 1990 war mit dem Einmarsch des irakischen Dik-
tators Saddam Hussein nach Kuwait Saudi-Arabien selbst be-
droht. Bin Laden bot dem Königshaus die Mobilisierung eines
Jihad zur Befreiung Kuwaits an, doch wurde dieses Angebot
ausgeschlagen; stattdessen wurden US-Truppen im Land sta-
tioniert. Dieser Schritt, der in weiten Kreisen Saudi-Arabiens
als Besudelung heiligen Bodens betrachtet wurde, ließ auch Bin
Laden auf Distanz zum Königshaus gehen, dem er sich durch
Familientradition bis dahin verbunden gefühlt hatte. Der end-
gültige Bruch erfolgte mit der Verhaftung der oppositionellen
saudischen Religionsgelehrten Safar al-Hawâlî und Salmân
al-ʿAuda im Jahr 1994. In diesem Jahr entzog ihm König Fahd
die saudische Staatsbürgerschaft und ließ in Saudi-Arabien lie-

gende Teile seines Vermögens konfiszieren; die Familie Bin Laden verstieß ihn öffentlich. Mit Angriffen gegen saudische Ziele scheint sich Bin Laden trotzdem noch lange zurückgehalten zu haben, denn der Bombenanschlag auf die Khobar Towers 1996 kann al-Qaida nicht zweifelsfrei zugeordnet werden, anders als zwei Angriffe in beziehungsweise bei Riad im Jahr 2003.

Der antiamerikanische Kurswechsel Bin Ladens wurde durch die Stationierung von US-Truppen auf der Arabischen Halbinsel ausgelöst; neu befeuert wurde er im Dezember 1992 vom Eintreffen amerikanischer Verbände in Somalia im Rahmen einer humanitären Operation. Bin Laden sah diese Entwicklung als Bedrohung des islamistischen Staates im Sudan, den at-Turâbî und Bashîr 1989 dort errichtet hatten und dessen Gast er inzwischen war. Nach einem Intermezzo in Pakistan (Anfang 1991 bis 1992) war er at-Turâbîs Einladung nach Khartum gefolgt. Der sudanesische Staat verstand sich nicht nur als Förderer radikalislamistischer Bewegungen, sondern hatte an Bin Laden wegen seines Reichtums ein besonderes Interesse. In den Jahren seines Sudan-Aufenthalts (1992 bis 1996) widmete sich Bin Laden auch umfangreichen geschäftlichen Aktivitäten im Bereich der Land- und Forstwirtschaft und des Straßenbaus. Daneben scharte er Qaida-Veteranen und Jihadisten aus Ägypten, Libyen und Algerien um sich, die ebenfalls im Sudan Asyl bekommen hatten. Militärische Ausbildungslager durfte er dort nicht betreiben, drei davon wurden allerdings in Somalia errichtet.

Auf die Ankunft amerikanischer Soldaten in Somalia reagierte al-Qaida zusammen mit einer jemenitischen Gruppe noch im Dezember 1992 mit Bombenanschlägen auf zwei Hotels in Aden, in denen US-Soldaten beim Transfer untergebracht wurden. Obwohl nur ein Tourist und ein Hotelangestellter getötet wurden, verlegten die USA nach diesem Doppelanschlag ihre Truppen nicht mehr über Aden nach Somalia. Der Abschuss eines amerikanischen Militärhubschraubers in der somalischen Hauptstadt Mogadischu im Oktober 1993, der letztlich zum Abzug der US-Truppen im Folgejahr führte, ist möglicherweise gar nicht von al-Qaida zu verantworten. Bin Laden hat jedoch aus dem Rückzug der Amerikaner angesichts relativ geringer Verluste weitreichende Schlüsse gezogen. Er sah dieses Ereignis in einer Linie mit dem Rückzug der Sowjets aus Afghanistan und der USA aus Beirut nach zwei größeren Anschlägen auf die US-Botschaft beziehungsweise Quartiere der Marines im Jahr 1983. Die letzte Supermacht, so dachte er, könnte mit vergleichsweise geringem Einsatz zum Rückzug aus islamischem Territorium gezwungen werden. Diese Verkennung der Realitäten, die sich bis zum September 2001 noch steigern sollte, ist für das Verständnis des Agierens von al-Qaida grundlegend.

Im Februar 1993 verübte Ramzi Ahmed Yousef, 1967 geboren und von palästinensischen und pakistanischen Vorfahren abstammend, einen Anschlag auf den Nordturm des World Trade Center. In einem Kleintransporter, den er in der Tiefgarage abstellte, hatte er eine 700-Kilo-Bombe untergebracht. Yousefs Erwartung, dass der Turm umstürzen und den Südturm mitreißen könnte, erfüllte sich jedoch nicht. Sechs Tote waren zu beklagen. Im Bekennerschreiben begründete er seine Tat mit der Unterstützung Israels durch die USA. Yousef hatte zwar eine Ausbildung in einem Qaida-Lager in Afghanistan absolviert, doch wurde der Anschlag wohl ohne Mitwirkung Bin Ladens geplant und durchgeführt. Dagegen begannen genau im Jahr 1993 die Planungen für die Bombenanschläge auf die US-Botschaften in Nairobi und Daressalam durch Bin Laden persönlich. 1994 und 1995 verfasste Bin Laden Briefe an den wahhabitischen Gelehrten Bin Baz und die saudischen Religionsgelehrten insgesamt, in denen keine Zweifel mehr an seiner scharfen Ablehnung des saudischen Königshauses gelassen wurden.

Bin Ladens Zeit im Sudan ging im Mai 1996 zu Ende, weil der Sudan als Gastland zahlreicher Jihadisten unter starken internationalen Druck geraten war. Bin Laden ging zurück nach Afghanistan, wo sich nach dem Sturz des sowjetisch gestützten Regimes 1992 ein Bürgerkrieg zwischen verschiedenen Mujâhidîn-Fraktionen entwickelt hatte, an dem sich die Taliban ab 1994 beteiligten. Bei diesen handelt es sich um Vertreter eines ultra-rigorosen Islams, der dem Koranschul-Milieu des pakistanisch-afghanischen Grenzgebiets entstammt und von den beiden ihrerseits schon rigiden Strömungen des indischen Deobandismus und des Wahhabismus/Salafismus beeinflusst ist. Wenige Monate nach Bin Ladens Ankunft in Afghanistan kontrollierten sie den größten Teil Afghanistans, eroberten Kabul und riefen ein Islamisches Emirat aus. Ihr Führer Mullah Omar gewährte Bin Laden bis zu dem von ihm verursachten Sturz der Taliban Ende 2001 Gastrecht.

Am 23. August 1996 machte Bin Laden seine erbitterte Feindschaft gegenüber den USA und ihren Verbündeten in einer «Kriegserklärung» weltweit publik. Das achtseitige Dokument trägt die Überschrift «Verkündigung des Jihad gegen die Amerikaner, die das Land der beiden Heiligtümer besetzt halten» (damit ist Saudi-Arabien mit den heiligen Stätten in Mekka und Medina gemeint). Entstanden ist es im Sudan, doch Bin Laden befand sich im August 1996, wie auch am Ende des Textes angegeben ist, schon «am Hindukusch». Gerichtet ist die Proklamation aber gar nicht primär an die USA, sondern «an seine muslimischen Brüder im Allgemeinen und die auf der Arabischen Halbinsel im Besonderen». In der Tat sind die Saudi-Araber der Hauptadressat. Ihre teilweise ganz alltäglichen Sorgen sowie weitere für Bin Laden bedenkliche Entwicklungen im Königreich werden aufgezählt und direkt oder indirekt auf die Stationierung amerikanischer Truppen oder den korrumpierenden Einfluss der USA auf das Königshaus zurückgeführt. Die Saudis werden zur Vertreibung der «Kreuzritter» aufgerufen, um danach einen wahrhaft islamischen Staat auf dem Boden der Halbinsel zu errichten. Ein Boykott amerikanischer Produkte durch die saudische Hausfrau werde ein Übriges tun, um den weltweiten antiislamischen Umtrieben der Allianz von Zionisten und Kreuzfahrern ein Ende zu setzen.

Der Ton verschärfte sich abermals im Februar 1998 mit der Verkündung der Islamischen Weltfront für den Jihad gegen Juden und Kreuzfahrer. Stärker als 1996 wird die israelische Okkupation des heiligen Jerusalem attackiert, und es wird das Töten von US-Amerikanern, ob nun Militärs oder Zivilisten, als *individuelle Pflicht jedes Muslims an jedem Ort* bezeichnet, allerdings nicht als Selbstzweck, sondern als Mittel zu dem Ziel, die Besetzung und Bedrohung der islamischen Welt zu beenden. Unterzeichnet war die Deklaration der Weltfront von Bin Laden, Aiman az-Zawâhirî als Führer des ägyptischen Islamischen Jihad, einem weiteren Ägypter für die Islamische Gemeinschaft sowie je einem Vertreter militanter islamistischer Gruppen aus Pakistan und Bangladesch.

Am 7. August 1998 folgte der Doppelanschlag auf die US-Botschaften in Tansania und Kenia; in Daressalam waren zwölf Tote zu beklagen, in Nairobi 224. Der Tag des Anschlags fiel mit dem 8. Jahrestag des Beginns der Stationierung amerikanischer Truppen in Saudi-Arabien zusammen. Bei beiden Anschlägen wurden zahlreiche zivile Amerikaner und Ostafrikaner getötet und verwundet; die Deklaration liest sich vor diesem Hintergrund wie eine vorweggenommene Rechtfertigung, die in erster Linie an Muslime gerichtet war.

Der nächste große Schlag war die Attacke auf den Zerstörer USS Cole im Hafen von Aden im Oktober 2000, die die Cole fast versenkt hätte und 17 Seeleute das Leben kostete. Elf Monate später folgten die Anschläge auf die Türme des World Trade Center und das Pentagon und der fehlgeschlagene Angriff auf das Kapitol mit entführten Flugzeugen. Ähnlich wie beim Anschlag auf den Zerstörer waren auch die Attentate vom 11. September 2001 keine Idee Bin Ladens. Der Plan geht vielmehr auf Khalid Scheich Mohammed zurück, einen Mann mit pakistanisch-kuwaitischem Hintergrund und Afghanistan-Vergangenheit, der zudem der Onkel von Ramzi Yousef war, dem WTC-Attentäter von 1993. Seinen ursprünglichen Plan, der für seinen Schöpfer selbst eine grandiose Rolle vorsah, legte er Bin Laden schon 1996 vor. Dieser akzeptierte ihn Anfang 1999 dann in modifizierter und realistischerer Form, und Scheich Mohammed trat al-Qaida auch erst zu diesem Zeitpunkt formell bei. Die mit dem Anschlag verbundenen Erwartungen waren ein politischer oder ökonomischer Zusammenbruch der USA oder aber eine militärische Reaktion von deren Seite, die die breiten Massen der Muslime in aller Welt dermaßen gegen die USA und ihre Verbündeten aufbringen würde, dass das Ungleichgewicht der Kräfte dadurch ein Ende haben würde.

Diese Hoffnungen haben sich nicht erfüllt, die Besetzung Afghanistans Ende 2001 wurde von der Mehrheit der Muslime hingenommen. Wie ein Geschenk des Himmels kam al-Qaida aber der von den USA geführte Angriff auf den Irak vor, der im März 2003 mit der Begründung erfolgte, dass Saddam Hussein über Massenvernichtungswaffen verfüge und Kontakte zu al-Qaida habe. Die offenkundige Unrichtigkeit dieser Behauptungen schien die weitverbreitete These von einem systematischen westlichen Vorgehen gegen die islamische Welt einmal mehr zu bestätigen. Dem sunnitischen Widerstand im Irak bescherte die Entwicklung einen neuen Zustrom von Mujâhidûn und al-Qaida eine Tochterorganisation, da sich im Oktober 2004 die Tauhîd-Gruppe des Jordaniers Abû Mus'ab az-Zarqâwî von ihr adoptieren ließ. Az-Zarqâwî hatte anscheinend Ende der 1980er Jahre in Afghanistan gekämpft und war wegen radikalislamistischer Umtriebe von 1993 bis 1999 in Jordanien in Haft gewesen. Ab 2003 betrieb er seine gegen das jordanische Königshaus gerichteten Aktivitäten vom Irak aus. Er wandte sich nicht nur gegen westliches Militär, sondern auch gegen die irakischen Schiiten, die mit den Invasoren zusammenarbeiteten. Sein Ziel war es, einen Bürgerkrieg zu entfesseln, um danach Palästina von einem islamischen Irak aus zu befreien. Dass sich az-Zarqâwî mit seinem Netzwerk al-Qaida anschloss, bedeutete nicht, dass er sich der verbliebenen Kernorganisation unterstellen wollte. Eher schien es ihm auf vermehrten Zulauf von Freiwilligen, vor allem aus Saudi-Arabien, anzukommen.

Die neue Qaida-«Zweigorganisation» wurde unter dem Namen «al-Qaida im Irak» (AQI) bekannt. Ihr brutales Vorgehen gegen die irakischen Schiiten wurde vom Kern der Organisation kritisiert, wenn auch eher aus taktischen Gründen. Deutlicher war die Missbilligung der Attacken auf sunnitische Stammesführer, die sich az-Zarqâwîs Wüten mit US-Unterstützung entgegenstellten. Durch diese Gegenoffensive und az-Zarqâwîs Tod im Juni 2006 wurde AQI stark geschwächt; daran konnte auch die Ausrufung eines Islamischen Staates im Irak (ISI) Ende 2006 nichts ändern. Als jedoch Aiman az-Zawâhirî 2012 aus dem fernen afghanisch-pakistanischen Grenzgebiet zur Unter-

stützung der Opposition im syrischen Bürgerkrieg aufrief, trat
die Organisation dort schnell wieder in Erscheinung und agierte
in Konkurrenz zur al-Qaida unterstehenden Nusra-Front. Versuche az-Zawâhirîs von 2013, die Etablierung eines sich eu-
phrataufwärts nach Syrien hinein entwickelnden Islamischen
Staates im Irak und Syrien (ISIS) zu verhindern und somit einen
Konflikt zwischen diesem und der Nusra-Front zu verhindern,
scheiterten. Der ISIS-Führer Abû Bakr al-Baghdâdî teilte mit,
dass er sich nicht an koloniale Grenzziehungen gebunden fühle.

Erscheinungen wie die Selbst-Zuordnung von az-Zarqâwî zu
al-Qaida werden im englischsprachigen Raum und in jüngerer
Zeit auch in Deutschland als «Qaeda franchise» beziehungsweise als «Franchise-Qaida» bezeichnet. Dieser Begriff aus
der Geschäftswelt zielt auf die Annahme des «Firmennamens»
al-Qaida bei gleichzeitiger Teilautonomie. Die Analogie hinkt
in mancher Hinsicht, aber dass die Annahme des Namens
al-Qaida den betreffenden Gruppen Vorteile bietet, trifft sicher-
lich zu. Unter den weiteren Tochterorganisationen gilt al-Qaida
auf der Arabischen Halbinsel (AQAH, englisch AQAP) als besonders aggressiv. Geographisch und personell ist sie eng mit
dem saudischen Element des Qaida-Kerns verbunden. Sie kon-
stituierte sich zunächst 2003 in Saudi-Arabien und geriet dort
sehr schnell unter großen Druck, der von Wiedereingliederungs-
programmen begleitet wurde. Mit einem jemenitischen Qaida-
Zweig, der 2006 entstand, schlossen sich die Reste der saudischen Qaida im Jahr 2009 zu einer neuen AQAH zusammen.
Al-Qaida im Islamischen Maghreb (AQIM) bildete sich 2007
aus der Salafistischen Gruppe für Predigt und Kampf, die ihre
Wurzeln im algerischen Bürgerkrieg (1992–1999) hat. Vom
algerischen Stammgebiet greifen ihre Aktivitäten bis nach Mali
und Niger aus.

Neben diesen größeren Verbänden, die unter dem Namen
al-Qaida agieren, gibt es auch zahlreiche Individuen oder
Kleinstgruppen, von denen Anschläge verübt worden sind. Der
größte Schlag auf europäischem Territorium war das Attentat
im Madrider Hauptbahnhof Atocha am 11. März 2004, bei
dem 191 Menschen starben. Eine Verbindung zu al-Qaida

konnte nicht nachgewiesen werden, wohl aber ein Bezug zur Beteiligung des spanischen Militärs am Irak-Krieg. In dieser Hinsicht war der Anschlag ein voller Erfolg, denn Spanien zog seine Truppen bis Mitte 2004 zurück. Al-Qaida ist auch an der Radikalisierung von Migranten in Europa ideell beteiligt; das Internet spielt dabei mit einer ganz eigenen Text- und Musikkultur eine wesentliche Rolle.

4. Die libanesische Hisbollah

Die schiitische libanesische Hisbollah (arabisch *Hizb Allâh*, «Partei Gottes») entstand kurz nach der Islamischen Revolution in Iran, also nach 1979 und damit während des libanesischen Bürgerkriegs (1975 bis 1990). Schiiten lebten spätestens seit dem 10. Jahrhundert auf dem Gebiet des heutigen Staates Libanon; sie siedeln gegenwärtig im Süden des Landes, im nördlichen Bekaa-Tal und in den südlichen Vororten Beiruts. Ihr Anteil an der Gesamtbevölkerung kann nur geschätzt werden, aber Angaben von mehr als 30 Prozent erscheinen durchaus glaubhaft.

Die Hisbollah war in ihren ersten Jahren eine religiöse Bewegung, die sozialen und politischen Protest gegen die Benachteiligung der libanesischen Schiiten artikulierte. Nach der (erneuten) israelischen Besetzung des Libanon im Jahr 1982, bei dem fast ein Drittel des Staatsgebietes unter israelische Kontrolle geriet, entwickelte sich die Hisbollah zu einer antiisraelischen Befreiungsbewegung, die durch einige spektakuläre (Selbstmord-)Attentate, auch fernab des Nahen Ostens, seit 1983 weltweit bekannt wurde. Nach Jahren des verdeckten Agierens trat die Organisation 1985 durch die Publikation eines Manifestes in Form eines offenen Briefes auf die politische Bühne des Libanon. Dieses Positionspapier forderte die Errichtung eines islamischen Staates nach iranischem Vorbild im Libanon und lehnte das damalige System der Proporzdemokratie mit festgeschriebener Beteiligung aller anerkannten Religionsgemeinschaften und Konfessionen (auch und besonders der Christen) ab. Dieses System wurde 1989 durch das Abkommen von Taif zugunsten der Muslime leicht modifiziert. Schon zu den Parlamentswahlen von 1992 änderte die Hisbollah ihre Agenda und präsentierte sich als eine gewöhnliche libanesische Partei, nicht zuletzt indem sie auch nichtreligiöse Themen ansprach. Seit den Wahlen von 1992 ist sie regelmäßig mit einer beachtlichen Zahl von Sitzen im Parlament vertreten, seit 2005 auch im Kabinett.

Während alle anderen Bürgerkriegsmilizen nach 1990 aufgelöst wurden, durfte die Hisbollah als Vertreterin des antiisraelischen Widerstands ihre Waffen behalten. Dies änderte sich auch nach dem Abzug der Israelis aus dem Libanon Mitte 2000 nicht; noch über ein Jahrzehnt später ist ihr militärischer Apparat der libanesischen Armee deutlich überlegen. Die Hisbollah engagierte sich im syrischen Bürgerkrieg auf der Seite des Asad-Regimes (und an der Seite der bedrängten syrischen Christen) und unterhält über ihre politischen und militärischen Aktivitäten hinaus ähnlich wie andere schiitische Stiftungen und Körperschaften ein dichtes Netz von Wohlfahrtseinrichtungen, Krankenhäusern und Kreditinstituten, von denen einige ihre Dienste auch Nicht-Schiiten gewähren. Flankiert werden diese Tätigkeiten von einer intensiven Medienarbeit. Besonders zu nennen ist der Satellitensender al-Manar TV, der ein Millionenpublikum auch außerhalb des Libanon erreicht und dessen Ausstrahlung durch europäische Satelliten 2004 verboten wurde.

Die Hisbollah hat seit ihren frühen, allein an Khomeini orientierten Zeiten einen weiten Weg hin zu einem national-libanesischen Pragmatismus zurückgelegt. Zwischen dem Manifest von 1985 und der revidierten Fassung von 2009 hat sich in Bezug auf die grundsätzliche Ablehnung des Staates Israel jedoch nichts geändert. Nach wie vor wird er als «das zionistische Gebilde» bezeichnet und als verschwörerisches Produkt des westlichen Imperialismus angesehen. Weder sind Verhandlungen denkbar noch eine Anerkennung in welchen Grenzen auch immer. Die Beteiligung an den Parlamentswahlen hat sich die Hisbollah noch vom iranischen Führer Khâmene'i genehmigen lassen; später konnten politische Entscheidungen zunehmend orientiert an der libanesischen Realpolitik getroffen werden. Die Organisation sieht den multireligiösen Libanon schon seit längerer Zeit als bewahrenswerte politische Einheit an. Die libanesischen Christen, die von der Hisbollah ursprünglich nur als politisch unmündige «Schutzbürger» gesehen wurden, sind für sie inzwischen gleichberechtigte Verhandlungspartner.

V. Rechtfertigung und Gebrauch von Gewalt

Der Islamismus wird im Westen schnell mit spektakulären Gewalttaten in Verbindung gebracht. Tatsächlich waren es nicht nur al-Qaida und ihr nahestehende Gruppen vor und nach dem 11. September 2001, die weltweit Aufsehen erregten. Im Libanon gab es in den frühen 1980er Jahren mehrere verheerende Selbstmordanschläge auf französische, amerikanische und israelische Militäreinrichtungen, die unter anderem von der Hisbollah verübt wurden. Seit 1993 wurde Israel durch sunnitische «Märtyreroperationen» erschüttert, im November 1997 erschossen radikale Islamisten bei Luxor 62 Menschen, vorwiegend Touristen. Im November 2008 wurden 174 Menschen in Bombay von einem Dutzend Männern mit pakistanisch-islamistischem Hintergrund getötet. Dies sind nur einige Beispiele von vielen.

Nicht nur westliche Militärs und nichtmuslimische Zivilisten wurden Opfer solcher Gewalttaten, sondern auch und vorrangig Muslime. Die prominenteste Einzelperson ist der ägyptische Staatspräsident Sadat, der im Oktober 1981 bei einer Militärparade erschossen wurde. Die Opfer des Wütens der Groupe Islamique Armé im algerischen Bürgerkrieg nach der Annullierung der Wahlen Anfang 1991 sind nicht zu zählen. Ebenso viele sunnitische oder schiitische Irakis starben nach der amerikanischen Invasion im März 2003 durch extremistische Vertreter der jeweils anderen Konfession. Allerdings gibt es auch Gewalt zwischen sunnitischen Arabern und sunnitischen Kurden. Daran wird deutlich, dass es dabei nicht primär um religiöse Anliegen geht: Gruppen werden in einigen Fällen durch gemeinsame Konfession konstituiert, in anderen Fällen aber durch gemeinsame Ethnie.

Die Begründung von Gewalttaten mit der islamischen Tradition oder dem, was dazu erklärt wird, hat nicht nur im Falle des

Irak offenkundig oft eine Alibifunktion. Auch in vielen anderen Fällen sind die tieferen Beweggründe profan: Ansprüche auf Macht, Teilhabe an Ressourcen und Anerkennung. Es wäre aber dennoch falsch, die islamrechtlichen Begründungen der Gewaltanwendung nur als dünne ideologische Tünche anzusehen, denn die religiöse Einkleidung formt in vielen Fällen durchaus die Wahrnehmung ebenso wie die Reaktion.

I. Der Jihad

Das arabische Wort *jihâd* und verwandte Verbal- und Nominalformen tauchen im Koran fast drei Dutzend Mal auf. An den meisten Stellen, genau gesagt an dreißig, ist die Bedeutung eindeutig die des kriegerischen Kampfes; ob es sich um einen offensiven oder defensiven Kampf handelt, ist dem jeweiligen Wortlaut und dem weiteren Kontext nicht mit Gewissheit zu entnehmen. Das Thema von kriegerischen Auseinandersetzungen wird im Koran auch unter Verwendung anderer Ausdrücke angesprochen, insbesondere von *qâtala* «(be)kämpfen». Für die Nachwirkung waren diese Stellen auch wichtiger, weil einige von ihnen als die spätesten koranischen Offenbarungen zum Thema und damit als die endgültigen Regelungen galten. Eine zentrale Rolle haben zwei Verse aus Sure 9 «Die Buße» bekommen, die nach alter islamischer Auffassung die in chronologischer Hinsicht vorletzte Sure ist. In Vers 5 (später «Schwertvers» genannt) heißt es zu den paganen Bewohnern der Arabischen Halbinsel, die durchweg «Beigeseller» genannt werden:

> Sind die heiligen Monate abgelaufen, dann tötet die Beigeseller, wo immer ihr sie findet, ergreift sie, belagert sie, und lauert ihnen auf aus jedem Hinterhalt! Doch wenn sie sich bekehren, das Gebet verrichten und die Armensteuer geben, dann lasst sie laufen! Siehe, Gott ist bereit zu vergeben, barmherzig. (Übersetzung Hartmut Bobzin)

Es soll diesen «Beigesellern» also kein Pardon gegeben werden, sofern sie sich nicht zum Islam bekennen. Dem unbefangenen Leser fällt auf, dass durch den einleitenden Nebensatz «Sind die heiligen Monate abgelaufen» offenbar auf eine ganz spezifische Situation in der Auseinandersetzung zwischen der frühislamischen Gemeinde in Medina und ihren Widersachern angespielt wird. Weder ist davon die Rede, dass dieser Imperativ für alle Zeiten zu gelten habe, noch davon, dass er auch auf «Beigeseller» außerhalb der Arabischen Halbinsel anzuwenden sei. Beides wurde aber im späteren islamischen Gelehrtenrecht die vorherrschende Meinung. In der Praxis hat man sich mit Angehörigen nichtmonotheistischer Religionen aber ohne Weiteres zu arrangieren gewusst, wie beispielsweise die große Zahl von Hindus unter islamischer Herrschaft zeigt.

Die zweite folgenreiche Stelle aus Sure 9 ist Vers 29:

> Kämpft gegen die, die nicht an Gott glauben und auch nicht an den Jüngsten Tag, die das, was Gott und sein Gesandter verboten haben, nicht verbieten und die nicht der Religion der Wahrheit angehören – unter den Buchbesitzern –, bis sie erniedrigt den Tribut aus der Hand entrichten. (Übersetzung Hartmut Bobzin)

Hier fehlt der temporale Nebensatz am Anfang, und somit leuchtet es hier eher ein, dass der Imperativ ohne zeitliche Begrenzung verstanden werden kann. Mit den «Buchbesitzern» sind insbesondere Juden und Christen gemeint. Dieser Koranvers sowie einige Prophententraditionen und die Praxis der frühislamischen Eroberungen wurden im klassischen islamischen Recht, wie es sich seit dem ausgehenden 8. Jahrhundert entwickelt hat, so gedeutet, dass Angehörige der Buchreligionen durch Jihad unter islamische Oberhoheit zu stellen seien. Sie durften bei ihrem Glauben bleiben, hatten aber einen untergeordneten Status als «Schutzbürger» (*dhimmî*) und mussten eine Kopfsteuer (*jizya*) zahlen. Der offensive militärische Kampf gegen die nichtislamische Welt (im Mittelmeerraum vor allem die christlichen Reiche der Byzantiner und Westgoten) war Pflicht. Allerdings handelte es sich bei dieser Pflicht nur um eine Kollektivpflicht (*fard al-kifâya*), auszuüben von einer «hinreichenden» Anzahl von Kämpfern. Damit war ein dehnbarer Begriff ins Spiel gebracht, und in der Praxis hat die Kollektivpflicht zum

Jihad friedlichen Austausch mit christlichen Ländern genauso wenig beeinträchtigt wie etwa Kondominien mit Kreuzfahrerstaaten. Eine Individualpflicht ist der Jihad nur dann, wenn das islamische Gebiet von Nichtmuslimen angegriffen wird (also im Defensivfall), und dann, wenn ein islamischer Herrscher ihn ausgerufen hat.

Bei der Erklärung des Jihad ist immer zu bedenken, dass die Normen des klassischen islamischen Rechts Auffassungen von Gelehrten sind, die in Einzelheiten divergieren; die koranischen Aussagen zu diesem Thema sind selten eindeutig. Der Theorie der Rechtsgelehrten stand die politische Praxis gegenüber, die davon oft erheblich abwich. Angesichts dieser Sachlage kann es nicht überraschen, dass Muslime in den vergangenen 130 Jahren bei ihrer Auseinandersetzung mit dem Jihad-Konzept angesichts gewandelter Realitäten (und manchmal fast globaler Konsense) ihrerseits zu Auffassungen gekommen sind, die nicht nur in Einzelheiten divergieren, sondern im Kern. Die Diskussion lässt sich anhand von vier Fragen umreißen.

(a) Ist der offensive Jihad obligatorisch? In dieser Frage tut sich heute eine große Kluft auf. Seit den Zeiten des indischen Modernisten Sayyid Ahmad Khân (1817–1898) hat die Ansicht, dass es keine Pflicht zum offensiven Jihad gebe, nach und nach so viel Boden gewonnen, dass heute wohl die Mehrheit der Muslime dieser Meinung ist. Dass die Muslime zu Lebzeiten Muhammads in kriegerische Auseinandersetzungen verwickelt waren, wird mit der defensiven Gesamtsituation der Muslime von der Hijra 622 bis zur Eroberung Mekkas im Jahr 630 erklärt. Schwieriger sind aus dieser Sicht die imperialen islamischen Eroberungen einzuordnen. Verbreitet ist das Argument, dass diese erst nach dem Tod des Propheten im Jahr 632 begonnen haben und der Koran auch Stellen enthält, die kriegerische Aktivitäten auf die Abwehr von Bedrohungen begrenzen wollen. Sogar Rashîd Ridâs Äußerungen zum Thema laufen letztlich darauf hinaus. Hasan al-Bannâ benutzt das Wort Jihad oft, doch wird er angesichts der britischen Präsenz in Ägypten

und der zionistischen Besiedlung Palästinas dabei in erster Linie an den defensiven Kampf gedacht haben.

Häufig wird auf eine Prophetentradition verwiesen, in der der Jihad gegen die menschlichen Leidenschaften als der «große» Jihad und der militärische als der «kleine» bezeichnet wird. Aber dieses Prophetenwort ist schon in alter Zeit als unecht betrachtet worden, und der offensive Kampf ist in ihm zwar auf einen zweiten Platz verwiesen, aber damit noch nicht aus der Welt geschafft. Einen faktischen Konsens über den defensiven Charakter gibt es heute also, nicht aber einen zu der Frage, was nun aus welchen Gründen heute anders zu verstehen ist als früher. Verschiedene Versuche von «Befreiungsschlägen», die den Islam in eine überzeitliche spirituelle Botschaft und eine zeitgebundene politische Praxis schon zu Muhammads Zeiten und erst recht nach ihm aufspalten wollen, haben sich nicht durchsetzen können und die Vertreter solcher Ansichten auch in ernsthafte Schwierigkeiten gebracht.

Spätestens seit Sayyid Qutb bekennen sich radikale Islamisten freimütig zum offensiven Jihad als kollektiver Pflicht, die durch die Pflichtvergessenheit der Herrscher zu einer individuellen Pflicht werde. Das bekannteste Pamphlet dieses Inhalts ist die Schrift *Der Jihad – die versäumte Pflicht* von ʿAbdassalâm Faraj. Der Elektroingenieur Faraj gehörte dem ägyptischen Islamischen Jihad an und verfasste seinen Traktat zur internen Verständigung innerhalb der Gruppe, die 1981 das Attentat auf Sadat verübte. Der ägyptische Großmufti Jâdd al-Haqq (1917–1982) hat die islamrechtlichen Auffassungen Farajs kurz nach dem Attentat in allen Einzelheiten als verfehlt zurückgewiesen.

(b) Wann liegt der Defensivfall vor?   Hasan al-Bannâ musste sich über den offensiven Jihad gar keine Gedanken machen, weil Ägypten seit 1882 ohnehin von den Briten militärisch besetzt war. Nach der formalen Unabhängigkeit der Länder mit islamischer Bevölkerungsmehrheit lag die Sache anders; die Islamisten haben sich die Frage gestellt, ab welchem Punkt auch ohne Kolonial- oder Protektoratsstatus das Recht auf Selbstverteidigung in Anspruch genommen werden darf. Die Antworten fallen höchst unterschiedlich aus, und die Ausführungen der Juristen aus alter Zeit waren angesichts der modernen Realitäten nicht geeignet, klare Grenzen zu ziehen. Die wirtschaftliche, politische oder kulturelle Hegemonie des Westens bietet radikalen Islamisten schon genug Anhaltspunkte, eine Defensivsituation zu erkennen. Da die Machthaber an dieser Form der «Überfremdung» immer beteiligt waren, führte dies schnell zu einer anderen Frage.

(c) Kann der Jihad gegen Muslime geführt werden? Die Muslime haben in ihrer bald 1400-jährigen Geschichte mehr innerislamische Kriege erlebt als expansive Feldzüge gegen nichtislamische Gebiete. Praktisch alle diese Kriege zwischen islamischen Heeren wurden nicht als Jihad betrachtet. Man hat auch Herrscher ertragen, die es mit der Kontrolle der öffentlichen Ordnung nicht allzu genau nahmen oder die ihren Untertanen unislamische Steuern abverlangten; sie wurden trotzdem noch als muslimische Herrscher anerkannt. Einen Bruch mit dieser Tradition bedeutete es, als der Rechtsgelehrte Ibn Taimîya (1263–1328) in einer Fatwa den Mongolen unter Führung des zum Islam konvertierten Herrschers Ghâzân (regierte 1295–1304) ihren Status als Muslime absprach. Direkter Auslöser dieser Stellungnahme war der mongolische Einfall nach Syrien im Jahr 1299. Die Mongolen befolgten nicht die Scharia, sondern ihre eigenen Gebräuche und Gesetze, tränken Alkohol und hätten christliche und heidnische Kontingente in ihrem Heer. Da sie somit nicht als Muslime zu betrachten seien, sei der Jihad gegen sie möglich. Den seit 1250 in Ägypten und Syrien herrschenden Mamluken verschaffte Ibn Taimîya mit dieser Argumentation willkommenen Rückhalt für ihren Abwehrkampf gegen die Mongolen.

Mit dem Begriff des modernen Heidentums (*jâhilîya*) haben al-Maudûdî und Qutb den Weg für die «Exkommunikation» (arabisch *takfîr*) von Herrschern und ganzen Gesellschaften bereitet, die sich selbst als Muslime beziehungsweise als muslimisch ansehen. In die Tat umgesetzt wurde dies in Ägypten zu Beginn der 1970er Jahre, als ein Mann namens Shukrî Mustafâ eine Gruppe gründete, die unter dem Namen «Gruppe der Exkommunizierung und der Auswanderung» (*Jamâ'at at-Tak-fîr wa-l-Hijra*) bekannt wurde; mit der «Auswanderung» ist der Rückzug in die Wüste gemeint, in der sich diese Gruppe von der ungläubigen ägyptischen Gesellschaft trennte, ähnlich wie sich Muhammad mit seiner Auswanderung nach Medina im Jahr 622 von den mekkanischen Heiden getrennt hatte. Unter anderem entführten und ermordeten ihre Mitglieder 1977 den ägyptischen Minister für das Stiftungswesen.

2. Märtyrertum und Selbstmordattentate

Der Jihad-Krieger (*mujâhid*) erwirbt durch den Tod «auf dem Wege Gottes» (wie es im Koran oft heißt) den Status eines Märtyrers (*shahîd*), und nach in alter und neuer Zeit weit verbreiteter Meinung kommt er direkt in das Paradies. Dort ist sein verwundeter Körper wieder hergestellt, und er kann sexuelle Freuden mit den berühmten Paradiesjungfrauen (Houris, arabisch *hûr*) genießen, von denen ihm zweiundsiebzig zur Verfügung stehen.

Diese Vorstellungen sind schon im Koran angelegt und von der späteren Tradition reich ausgeschmückt worden. In Sure 47 Vers 4–6 heißt es:

> Und die auf dem Wege Gottes getötet werden, deren Werke lässt er nicht verlorengehen. Rechtleiten wird er sie und ihnen Wohlergehen schenken und sie in den Paradiesgarten führen, den er für sie ausersehen hat. (Übersetzung Hartmut Bobzin)

Hier ist der Zeitpunkt des Eingangs in das Paradies noch unbestimmt; er könnte auch – wie bei den gewöhnlichen Gläubigen – nach dem Jüngsten Gericht liegen. In Sure 3 Vers 169 lesen wir:

> Halte die, die auf dem Wege Gottes getötet werden, nicht für tot! O nein! Sie sind am Leben, bei ihrem Herrn, und werden wohl versorgt. (Übersetzung Hartmut Bobzin)

Die spätere Tradition hat diese beiden Stellen mit der Vorstellung des sofortigen Eingangs in das Paradies kombiniert. Einige Prophetentraditionen berichten dagegen, dass nur die Seelen der Märtyrer unmittelbar ins Paradies eingehen, wo sie die Gestalt grüner Vögel annehmen. Diese Vorstellung hat sich bis heute gehalten, ein 1992 in Amman erschienenes Buch zum Gedenken der Gefallenen der ersten Palästinensischen Intifada trägt den Titel *Die Grünen Vögel*.

Die Vorstellung von der Belohnung gefallener *mujâhidûn* mit dem Paradies und den Paradiesjungfrauen ist heute noch lebendig, wie aus vielen Zeugnissen bekannt ist, und zahllose jihadistische Hymnen sorgen dafür, dass sie auch in Zukunft nicht in Vergessenheit gerät.

Das klassische Jihad-Recht ächtet die Tötung von Zivilisten. Zwei Ausnahmen werden gemacht: erstens die Vergeltung für Massaker an der muslimischen Zivilbevölkerung durch den Feind und zweitens Situationen, in denen ein wichtiges militärisches Ziel ohne die Tötung von Zivilisten nicht einzunehmen ist. Insbesondere die erste Ausnahme hat es modernen Extremisten ermöglicht, wahllose Tötungen von Zivilisten zu rechtfertigen. Sie globalisieren dabei die Bilanzen. Osama Bin Laden hat beispielsweise die Opfer der Sanktionen angeführt, die der UN-Sicherheitsrat im August 1990 nach der Besetzung Kuwaits über den Irak verhängt hat. Tatsächlich haben diese Sanktionen zu gravierenden Engpässen bei der Versorgung mit Nahrungsmitteln und Medikamenten und zu hoher Kindersterblichkeit geführt. Für Bin Laden zählte nur, dass es sich bei den Opfern um Muslime handelte; die Umstände, unter denen die Sanktionen verhängt wurden, blieben unerwähnt.

Gezielte Angriffe auf israelische Zivilisten werden heute mit dem Argument gerechtfertigt, dass der ganze Staat Israel eine Kaserne sei. US-Bürger werden als potentielle Wähler ihrer kriegführenden Regierungen für vogelfrei erklärt. Um das Bild zurechtzurücken, muss hierzu gesagt werden, dass beispielsweise der libanesische Âyatollâh Muhammad Husain Fadlallâh, Mitbegründer der Hisbollah, dieser Argumentation entgegengetreten ist. Die amerikanischen Wähler seien nur unzureichend über die Außenpolitik der USA informiert und dürften daher nicht für sie haftbar gemacht werden.

Der hohe Rang des Jihad und des in ihm zu gewinnenden Märtyrertums kann mit einem anderen hochstehenden islamischen Wert in Konflikt geraten, nämlich der Vorstellung, dass Gott dem Menschen das Leben schenkt und allein über den Zeitpunkt des Todes zu entscheiden hat. Im Koran ist das Selbstmordtabu noch nicht eindeutig formuliert, die spätere religiöse und juristische Literatur betont es aber stark, und es ist auch heute in allen muslimischen Gesellschaften tief verwurzelt. Die Spannung, in der es zum Jihad-Ideal steht, wird in Traditionen vom Propheten Muhammad mehrfach deutlich greifbar. Muhammad verdammt den Wunsch zu sterben, ja sogar die Hoffnung auf ein Zusammentreffen mit dem Feind. Die Absicht, mit dem Einsatz des eigenen Lebens Gottes Wort zu verbreiten, ist jedoch eine unerlässliche Voraussetzung für den Märtyrertod; jemand, der nur um des Ruhmes willen in die Schlacht zieht, kann kein Märtyrer werden. Juristen aus klassischer Zeit haben Angriffe auf eine feindliche Übermacht nur erlauben wollen, wenn dem Feind dadurch auch sicher ein Schaden erwachsen würde, der größer wäre als der Verlust auf muslimischer Seite.

Seit dem Aufkommen der Selbstmordattentate in den frühen 1980er Jahren mussten moderne islamische Rechtsgelehrte zu dem Problem Stellung nehmen, dass die Attentäter durch Explosivwaffen ihren Tod mit fast absoluter Sicherheit selbst verursachten. Die Argumente für solche Angriffe lauten meistens, dass sich die Muslime in einem asymmetrischen Krieg mit ihren Feinden befänden, da beispielsweise die Palästinenser ohne eigene reguläre Armee dem hochgerüsteten israelischen Militärapparat gegenüberständen. Allgemein kenne Not kein Gebot, wenn der Nutzen für die gute Sache zu überwiegen scheine. Die Zustimmung der Bevölkerungen, die inzwischen durch Meinungsumfragen recht gut ermittelt werden kann, schwankt erheblich je nach momentaner politischer Situation.

Die große Zahl der von Muslimen verübten Selbstmordattentate hat es mit sich gebracht, dass ein Zusammenhang zwischen Anschlägen dieses Typs und der islamischen Religion vermutet wurde. Dagegen spricht zunächst schon einmal die Tabuisierung des Selbstmords in der klassischen islamischen Tradition. Deren Nachwirkungen zeigen sich noch heute darin, dass die Extremisten die Bezeichnung «Selbstmordattentat» heftig ablehnen und darauf verweisen, dass die Täter nicht lebensmüde seien, und ihrerseits die Bezeichnung «Märtyreroperation» verwenden. Weiterhin spricht es gegen den unterstellten Zusammenhang, dass auch eine andere Gemeinschaft sich massenhaft des Mittels der Selbstmordattentate bedient hat, die sie aber nicht religiös begründen konnte: die hinduistischen Liberation Tigers of Tamil Eelam (LTTE) im nördlichen und östlichen Sri Lanka. Und schließlich ist aus der sunnitischen arabischen Welt vor dem Jahr 1993 kein einziges solches Attentat mit religiöser Begründung bekannt.

Das erste derartige Ereignis im arabischen Raum, das einen religiösen Hintergrund zu haben scheint, war der mittels Autobombe verübte Anschlag auf die irakische Botschaft in Beirut vom 15. Dezember 1981, bei dem zweiundsechzig Tote zu beklagen waren. Verantwortlich war eine schiitische Organisation, wahrscheinlich Mitglieder der irakischen Islamischen Da'wa-Partei, die sich unter der erbarmungslosen Verfolgung durch das Ba'th-Regime ab 1963 radikalisiert hatte. Diese Tat fand Nachahmer in der (bekanntermaßen ebenfalls schiitischen) Hisbollah, die zwischen 1982 und 1985 im Libanon zahlreiche Selbstmordanschläge auf US-amerikanische, französische und israelische Militäreinrichtungen verübte. Von 1993 an haben dann (sunnitische) Palästinenser diese Form der Attentate einschließlich der religiösen Einkleidung übernommen, und erst seitdem haben sich religiös begründete Selbstmordattentate über die ganze islamische Welt verbreitet.

Nachwort

Abschließend sollen einige wichtige Entwicklungslinien und Merkmale des Islamismus kurz zusammengefasst werden.

War noch al-Afghânîs Hauptinteresse nur nach außen, also gegen den britischen Kolonialismus gerichtet, kam bei Hasan al-Bannâ der Kampf gegen kulturelle Veränderungen innerhalb der ägyptischen Gesellschaft hinzu. Diesen Kampf hat er mit einer sozialen Massenbewegung auf der Basis einer noch recht unbestimmten Re-Islamisierung geführt. Sayyid Qutb hat die nach innen gerichtete Aktivität mit seinem radikalen Konzept des «Heidentums» (*jâhilîya*) der postkolonialen, nur noch nominell islamischen Gesellschaften ins Zentrum gestellt. Seine Radikalität erklärt sich aus der scharfen Verfolgung der Muslimbrüder durch das säkularistische Nasser-Regime. Die westliche Zivilisation lehnte er noch schärfer und grundsätzlicher ab als al-Bannâ, aber der Kampf gegen sie ist für ihn nachrangig: Irgendwann wird sie durch den Islam erlöst werden.

Die Muslimbruderschaft hat sich nach Qutb schrittweise zur Demokratie (ägyptischer Prägung) bekannt und war damit bis zum Sturz Mursis 2013 zunehmend erfolgreich. In den 1970er Jahren haben sich parallel zu dieser Entwicklung in verschiedenen Ländern militante islamistische Untergrundgruppen gebildet. Im Umfeld des Afghanistan-Krieges verschmolz eine dieser Gruppen, der ägyptische Islamische Jihad, mit den wahhabitischen Jihadisten um Osama Bin Laden zur al-Qaida. Diese Gruppe wendete sich später nicht nur gegen den «nahen Feind» in den islamischen Ursprungsländern, sondern auch gegen den Westen (bevorzugt die USA) als den «fernen Feind», der die autoritären Regime in der islamischen Welt stützte. Im Zentrum der Aktivitäten radikaler Islamisten steht aber die islamische Welt.

Die Vordenker des Islamismus entstammen zumeist nicht der Schicht der traditionellen Religions- und Rechtsgelehrten, sondern haben eine eher weltliche Ausbildung und entsprechende Berufe: Hasan al-Bannâ und Sayyid Qutb, beide 1906 geboren, waren Lehrer, und der (in diesem Buch nur gestreifte) indische Aktivist Abû l-Aʿlâ al-Maudûdî, 1903 geboren, war Journalist. Dass Âyatollâh Khomeini dem iranischen Klerus entstammte, ist auf Besonderheiten des zwölferschiitischen Islams zurückzuführen. Die allermeisten Mitglieder nicht nur der ägyptischen Muslimbruderschaft entstammen der unteren und mittleren Mittelschicht. Organisatorisch orientiert sich die Muslimbruderschaft als erste und bis heute einflussreichste islamistische Gruppierung ähnlich wie al-Maudûdîs 1941 gegründete Jamâʿat-i Islâmî an modern-westlichen Organisationsformen.

Wie sehr sich islamistische Bewegungen an den jeweiligen lokalen politischen und religiösen Kontext anpassen können, verdeutlicht die ganz unterschiedliche Entwicklung der Muslimbruderschaft in den Nachbarstaaten Jordanien und Syrien. In Jordanien war sie weithin königstreu und hat wenigstens ein Mindestmaß an Einfluss wahren können, in Syrien hat sie einen blutigen Aufstand gewagt und ist seitdem fast bedeutungslos. Die zunehmende Demokratiefreundlichkeit der ägyptischen Muslimbruderschaft ist in anderen Ländern von gemäßigt islamistischen Parteien noch übertroffen worden: Mit der marokkanischen PJD und der türkischen AKP gibt es (post-)islamistische Parteien, die demokratischen Pluralismus akzeptieren und in seinem Rahmen die Regierung stellen.

Der Palästina-Konflikt als Hinterlassenschaft des Kolonialismus hat in direkter Nachbarschaft Israels zwei militante islamistische Organisationen hervorgebracht, die Hamas und die Hisbollah. Solange dieser Konflikt nicht in einer für die arabische Seite halbwegs zufriedenstellenden Weise beigelegt ist, wird er den Islamismus weiter speisen. Dass der Islam für alle Lebensverhältnisse zuständig ist und für alle Probleme Lösungen bereithält, ist eine islamistische Kernthese. Sie ist bisher allenfalls in Iran widerlegt worden. Deshalb kann die islamisti-

sche Propaganda in vielen Ländern mit islamischer Bevölkerungsmehrheit erfolgreich Lösungen für die zahllosen Alltags-
probleme versprechen: Andere Lösungen konnten dort bisher
nicht überzeugen.

Literaturhinweise

Im folgenden Verzeichnis ist die weiterführende Literatur zu größeren Themenkreisen aufgeführt. Bei strittigen, unzureichend erforschten oder ganz aktuellen Einzelfragen ist der Forschungsstand ausführlicher nachgewiesen; eine vollständige Dokumentation der benutzten Publikationen ist aber weder möglich noch beabsichtigt.

I. Was ist Islamismus?

Eine jüngere Zusammenfassung des Fundamentalismus-Ansatzes bietet: Thomas Meyer, Was ist Fundamentalismus? Eine Einführung, Wiesbaden 2011.

II. Der geschichtliche Hintergrund

Zum Wahhabismus und zu Saudi-Arabien: Esther Peskes, Muhammad b. ʿAbdalwahhab (1703–92) im Widerstreit, Beirut/Stuttgart 1993; Madawi Al-Rasheed, A history of Saudi Arabia, Cambridge u. a. 2002; David Commins, The Wahhabi mission and Saudi Arabia, London 2006.

Zum Verhältnis zwischen Wahhabismus und den weiteren islamischen Reformbewegungen des 18. Jh.: Ahmad S. Dallal, Kapitel I. 4 «The origins and early development of Islamic reform», in: Robert W. Hefner (Hg.), The New Cambridge History of Islam, Bd. 6, Cambridge u. a. 2010, 107–147; *anders:* Martin Riexinger, Sanaʾullah Amritsari (1868–1948) und die Ahl-i-Hadis im Punjab unter britischer Herrschaft, Würzburg 2004, 65–71.

Zum Salafismus: Roel Meijer (Hg.), Global Salafism. Islam's new religious movement, New York 2009; *kürzer:* Ders., «Salafism: Doctrine, diversity and practice», in: Khaled Hroub (Hg.), Political Islam. Context versus ideology, London 2010, 37–60.

Zur salafistischen Frömmigkeit in Kairo: Richard Gauvain, Salafi ritual purity. In the presence of God, London/New York 2013.

Zum ideengeschichtlichen und politischen Hintergrund der Ahl-i Hadîth: Riexinger a. a. O., 23–178.

Zum Salafismus in Deutschland: Behnam Said, «Salafismus – ein deutscher Extremismus», in: SIAK-Journal 2013/1, 19–32; Frank W. Horst, Towards a dynamic analysis of Salafi activism, ICT Working Paper 6, Januar 2013, 94–162 (im www).

Zum spätosmanischen (Pan-)Islamismus: Kemal H. Karpat, The politicization of Islam. Reconstructing identity, state, faith, and community in the late Ottoman state, Oxford 2001.

Zu Ägypten im 19. und frühen 20. Jahrhundert: Alexander Schölch, «Der arabische Osten im neunzehnten Jahrhundert, 1800–1914», in: Heinz Halm (Hg.), Geschichte der arabischen Welt, 4. Aufl. München 2001, 365–431; Kapitel 5–11 in M. W. Daly (Hg.), The Cambridge History of Egypt, Bd. 2, Cambridge u. a. 1998.

III. Prägende Exponenten

Zu Jamâl ad-Dîn al-Afghânî: Nikki R. Keddie, Sayyid Jamâl al-Dîn «al-Afghânî»: a political biography, Berkeley 1972; *kürzer:* Dies., «Sayyid Jamal al-Din ‹al-Afghani›», in: Ali Rahnema (Hg.), Pioneers of Islamic revival, 2. Aufl. London/New York 2005.

Zu Muhammad Rashîd Ridâ: Seinen Entwurf eines islamischen Staates behandelt: Hamid Enayat, Modern Islamic political thought, Austin 1982, 69–83. *Zu seiner Haltung zu Christentum und anderen Religionen:* Rotraud Wielandt, Offenbarung und Geschichte im Denken moderner Muslime, Wiesbaden 1971, 73–94. *Zu seiner Position zwischen Modernismus und Reformismus:* Simon A. Wood, Christian criticisms, Islamic proofs, Oxford 2008, Kapitel 4.

Zu Hasan al-Bannâ (hier zugrundegelegt): Gudrun Krämer, Hasan al-Banna, Oxford 2010.

Zu Sayyid Qutb und seiner Rezeption: Gudrun Krämer, Gottes Staat als Republik, Baden-Baden 1999, Kapitel VIII «Sayyid Qutb und seine Kritiker» sowie S. 88–95; Sabine Damir-Geilsdorf, Herrschaft und Gesellschaft. Der islamistische Wegbereiter Sayyid Qutb und seine Rezeption, Würzburg 2003 *(hier wesentlich zugrundegelegt); ferner:* Adnan A. Musallam, From secularism to jihad. Sayyid Qutb and the foundations of radical Islamism, Westport CT u. a. 2005; John Calvert, Sayyid Qutb and the origins of radical Islamism, New York u. a. 2010.

Zu Khomeini: Vanessa Martin, Creating an Islamic state. Khomeini and the making of a new Iran, London u. a. 2000; Baqer Moin, Khomeini. Life of the Ayatollah, London u. a. 1999. *Zur Schia allgemein:* Heinz Halm, Die Schiiten, München 2005.

Zu Hasan at-Turâbî: «Hassan al-Turabi: the man and his ideas», in: Diaa Rashwan (Hg.), The spectrum of Islamist movements, Bd. 1, Berlin 2007, 375–401; *ferner (durchweg kritisch aus sudanesischer Perspektive):* P. N. Kok, «Hasan Abdallah al-Turabi», in: Orient 33 (1992) 185–192; Abdelwahab El-Affendi, «Hassan Turabi and the limits of modern Islamic reformism», in: Ibrahim M. Abu-Rabi' (Hg.), The Blackwell Companion to contemporary

Islamic thought, Malden MA u. a. 2006, 145–160; Abdullahi A. Gallab, The first Islamist republic. Development and disintegration of Islamism in the Sudan, Aldershot u. a. 2008, Kap. 5. *Zur religiös-politischen Entwicklung des Sudan:* Hanspeter Mattes, Kap. IV 16 «Sudan», in: Werner Ende u. Udo Steinbach (Hg.), Der Islam in der Gegenwart, 5. Aufl. München 2005, 489–498.

Zu Nâsir ad-Dîn al-Albânî: Stéphane Lacroix, «Between revolution and apoliticism: Nasir al-Din al-Albani and his impact on the shaping of contemporary Salafism», in: Roel Meijer (Hg.), Global Salafism. Islam's new religious movement, New York 2009. *Zu seiner Hadîth-Kritik:* Jonathan Brown, The canonization of al-Bukhârî and Muslim, Leiden/Boston 2007, 320–334.

IV. Organisationen und Parteien

Zur Entwicklung der ägyptischen Muslimbruderschaft bis 1942: Brynjar Lia, The Society of the Muslim Brothers in Egypt, Reading 1998. *Die jüngere Geschichte der Organisation in Ägypten behandelt:* Carrie Rosefsky Wickham, The Muslim Brotherhood. Evolution of an Islamist movement, Princeton 2013.

Zur syrischen Muslimbruderschaft: Raphaël Lefèvre, Ashes of Hama: the Muslim brotherhood in Syria, London 2013; *zu den letzten Entwicklungen:* Ders., The Muslim brotherhood prepares for a comeback in Syria, The Carnegie Papers, Middle East, May 2013 (im www).

Zur jordanischen Muslimbruderschaft: Marion Boulby, The Muslim Brotherhood and the kings of Jordan 1945–1993, Atlanta 1999; Denis Engelleder, Die islamistische Bewegung in Jordanien und Palästina 1945–1989, Wiesbaden 2002.

Zu den salafistischen Parteien im ägyptischen Parlament: Jonathan Brown, Salafis and Sufis in Egypt, The Carnegie Papers, Middle East, December 2011; Stéphane Lacroix, Sheikhs and politicians: Inside the new Egyptian Salafism, Brookings Doha Center, Policy briefing, Juni 2012 (im www); Oliver Schlumberger u. a., Islamistische und jihadistische Akteure in den Partnerländern der deutschen Entwicklungszusammenarbeit, Eschborn 2013, 34–43.

Zur tunesischen Ennahda: Dirk Axtmann, «Tunesiens Islamisten nach dem Sturz Ben Alis: Zwischen moderater Rhetorik und radikalen Positionen», in: Sigrid Faath (Hg.), Islamische Akteure in Nordafrika, Sankt Augustin 2012, 131–169; *zu Râshid al-Ghannûshî:* Menno Preuschaft, Tunesien als islamische Demokratie? Rasid al-Gannusi und die Zeit nach der Revolution, Münster u. a. 2011.

Zur marokkanischen PJD: Ferdinand Eibl u. Dörthe Engelcke, «Islamisten und der ‹Arabische Frühling› in Marokko: Der Kontinuität verschrieben?», in: Faath (Hg.), a.a.O. 111–130. *Ausführlich zum marokkanischen Islamismus:* Malika Zeghal, Islamism in Morocco. Religion, authoritarianism and electoral politics, Princeton 2008.

Zur türkischen AKP: Cemal Karakas, Türkei: Islam und Laizismus zwischen Staats-, Politik- und Gesellschaftsinteressen, Frankfurt 2007 (HSFK-Report 1/2007); Ümit Cizre, Secular and Islamic politics in Turkey. The making of the Justice and Development Party, London u.a. 2008; William Hale u. Ergun Özbudun, Islamism, democracy and liberalism in Turkey, London u.a. 2010; Charlotte Joppien, Die türkische Adalet ve Kalkınma Partisi (AKP), Berlin 2011. *Allgemein zum Verhältnis von Staat, Gesellschaft und Religion in der Türkei:* Günter Seufert, Staat und Islam in der Türkei, Berlin 2004; Heinz Käufeler, Das anatolische Dilemma. Weltliche und religiöse Kräfte in der modernen Türkei, Zürich 2002.

Zur Hamas: Helga Baumgarten, Hamas. Der politische Islam in Palästina, München 2006; Dies., Kampf um Palästina – Was wollen Hamas und Fatah?, Freiburg/Br. 2013; Joseph Croitoru, Hamas. Auf dem Weg zum palästinensischen Gottesstaat. Aktualis. Ausgabe München 2010; Khaled Hroub, Hamas. Die islamische Bewegung in Palästina, Heidelberg 2011. *Allgemein zum Palästina-Konflikt:* Margret Johannsen, Der Nahost-Konflikt, 3., aktualis. Aufl. Wiesbaden 2011.

Zu al-Qaida: Zwei gut informierte erzählende Darstellungen sind: Jason Burke, Al-Qaida. Wurzeln, Geschichte, Organisation, Düsseldorf u.a. 2003, *und* Lawrence Wright, Der Tod wird euch finden. Al-Qaida und der Weg zum 11. September, München 2007. *Ferner:* Guido Steinberg, Der nahe und der ferne Feind. Die Netzwerke des islamistischen Terrors, München 2005; Peter L. Bergen, The Osama bin Laden I know. An oral history of al Qaeda's leader, New York u.a. 2006; Yassin Musharbash, Die neue al-Qaida. Innenansichten eines lernenden Terrornetzwerks, Köln u.a. 2006; Camille Tawil, Brothers in arms. The story of al-Qa'ida and the Arab jihadists, London u.a. 2010; *kürzer:* Ders., «Al-Qaeda in the Middle East, North Africa and Asia: jihadists and franchises», in: Khaled Hroub (Hg.), Political Islam. Context versus ideology, London 2010, 231–252; Peter Bergen u. Paul Cruickshank, «Revisiting the early Al Qaeda: An updated account of its formative years», in: Studies in conflict and terrorism 35 (2012) 1–36; Christina Hallmich, al-Qaida. Vom globalen Netzwerk zum Franchise-Terrorismus, Darmstadt 2012. *Kommentierte Originaltexte:* Gilles Kepel u. Jean-Pierre Milelli (Hg.), al-Qaida. Texte des Terrors, München u.a. 2006.

Zur Hisbollah: Augustus Richard Norton, Hezbollah, 5. Aufl. 2009; Wiebke Diehl, Das Selbstverständnis der Hisbollah. Libanon, Islam und die arabische Dimension in Hassan Nasrallahs Reden, Berlin 2011; Joseph Alagha, Hizbullah's documents. From the 1985 open letter to the 2009 manifesto, Amsterdam 2011; Ders., Hizbullah's identity construction, Amsterdam 2011; Ders., Hizbullah's DNA and the Arab Spring, New Delhi 2013.

V. Rechtfertigung und Gebrauch von Gewalt

Mariella Ourghi, Muslimische Positionen zur Berechtigung von Gewalt. Einzelstimmen, Revisionen, Kontroversen, Würzburg 2010; David Cook, Understanding Jihad, Berkeley u. a. 2005; Ders., Martyrdom in Islam, Cambridge 2007; Michael Bonner, Jihad in Islamic history. Doctrines and practice, Princeton u. a. 2006; John Kelsay, Arguing the just war in Islam, Cambridge (MA) u. a. 2007; Rudolph Peters, Jihad in classical and modern Islam. A reader, 2. Aufl. Princeton u. a. 2005.

Glossar

Alawidisch: Beiname der scherifischen Dynastie, die Marokko seit 1631 regiert

Alawiten: extremschiitische Gruppe, die dem 4. Kalifen ʿAlî göttlichen Charakter zumisst und seit den 1960er Jahren in Syrien die Elite des Baʿth-Regimes stellt

Âyatollâh: Ehrentitel der schiitischen Rechtsgelehrten

Emir: arabische Bezeichnung für Fürst, Herrscher, Befehlshaber

Fatwa: von arabisch *fatwâ*, Rechtsgutachten, erteilt vom Mufti

Großmufti: *siehe* «Mufti»

Großscheich: *siehe* «Scheich»

Hadîth: arabische Bezeichnung für Prophetentradition

Hanafit/hanafitisch: *siehe* «Rechtsschulen»

Hanbalit/hanbalitisch: *siehe* «Rechtsschulen»

Imam: von arabisch *imâm*, bei den Schiiten der Führer der muslimischen Gemeinschaft aus der Linie des 4. Kalifen ʿAlî und somit dem sunnitischen Kalif vergleichbar

Jihadismus/jihadistisch: von arabisch *jihâd* «heiliger Kampf», hier als militärischer Einsatz für den Islam verstanden

Kalif: von arabisch *khalîfa*, bei den Sunniten politisches und religiöses Oberhaupt der muslimischen Gemeinschaft

Khedive: seit 1867 Titel der Herrscher Ägyptens aus der Linie von Muhammad ʿAlî

Mollâ: von arabisch *maulâ*, Bezeichnung für die schiitischen Religions- und Rechtsgelehrten im iranischen Raum

Mufti: von arabisch *muftî*, Verfasser von Rechtsgutachten

Mujâhid: ursprünglich arabische Bezeichnung des Glaubenskämpfers, in Afghanistan mit dem Plural Mujâhidîn (im Arabischen Mujâhidûn)

Qajaren: Name einer iranischen Dynastie, 1796–1925

Rechtsschulen: Im sunnitischen Islam entwickelten sich verschiedene, in der Sache nicht stark voneinander abweichende Rechtsschulen (arabisch *madhhab*, Plural *madhâhib*), von denen vier bis zur Gegenwart überlebt haben: die der Hanafiten, der Mâlikiten, der Schafiiten (Shâfiʿiten) und der Hanbaliten. Benannt sind sie nach großen Rechtsgelehrten des 8. und 9. Jahrhunderts.

Salaf (sâlih): arabisch etwa «(fromme) Vorfahren/Altvordere»

Scharia: von arabisch *sharî'a*, Bezeichnung für die Gesamtheit des islamischen Rechts und der kultischen Vorschriften, liegt aber nicht in kodifizierter, also in Gesetzesform vor, sondern wird besser als Richter- und Gelehrtenrecht bezeichnet. Die Scharia enthält auch die erforderlichen Methoden zur Anwendung auf neue Fälle und zur Fortentwicklung von Kultus und Recht.

Scheich: Ehrentitel für Leiter islamischer Universitäten

Scherif: von arabisch *sharîf*, Ehrentitel insbesondere für Nachkommen des Propheten Muhammad und seiner Familie, später vor allem des 4. Kalifen 'Alî. Die Herrscher von Mekka waren seit dem 10. Jahrhundert bis 1925 Scherifen, Marokko wird seit dem 16. Jahrhundert von scherifischen Dynastien beherrscht.

Schia/Schiit/schiitisch: Die Schia ist nach der Sunna die zweitgrößte Glaubensrichtung im Islam, von der sie sich in der Kalifats- beziehungsweise Imamatsfrage und im kultisch-rechtlichen Bereich unterscheidet.

Sufismus/Sufi/Sufi-Orden: Der Sufismus ist die asketisch-mystisch-fromme Spielart des Islams, die sich schon im 9. Jahrhundert entwickelte und die ab dem 12. Jahrhundert in Orden organisiert war.

Sultan: islamischer Herrschertitel, der anders als der Kalifentitel keinen religiösen Führungsanspruch beinhaltet

Sunna/Sunnit/sunnitisch: Die Sunna ist vor der Schia und der Khârijîya die größte Glaubensrichtung im Islam und unterscheidet sich von diesen beiden anderen Richtungen in der Kalifatsfrage und im kultisch-rechtlichen Bereich.

'Ulamâ': arabische Bezeichnung für Gelehrte, Singular *'âlim*

Zwölferschia: die größte Untergruppe der Schia, besonders verbreitet in Iran, im Irak und im Libanon, benannt nach der Zahl der von ihr verehrten Imame

Register

Aufgenommen sind Personen sowie Strömungen, Organisationen und Parteien und deren Abkürzungen. Der arabische Artikel in seinen verschiedenen Formen (al-, at- etc.) ist, sofern er nicht im Wortinneren steht, bei der alphabetischen Anordnung nicht berücksichtigt.

BEHNAM T. SAID

ISLAMISCHER STAAT

IS-Miliz, al-Qaida und die deutschen Brigaden

C·H·Beck

223 Seiten mit 6 Abbildungen und 1 Karte.
Klappenbroschur ISBN 978-3-406-67210-1

Die Terrormiliz „Islamischer Staat" (IS) hat ein riesiges Gebiet in Irak und Syrien mit Großstädten, Waffenarsenalen und Ölvorkommen unter ihre Kontrolle gebracht – ein „Kalifat", das einmal die gesamte islamische Welt beherrschen und alle „Ungläubigen" unterjochen soll. Der Islamismus-Experte Behnam T. Said bietet hier erstmals Innenansichten aus der Welt der Jihadisten.

„Ein unentbehrliches Handbuch der islamistischen Internationale, ein ‚Wer-ist-wer' der Anführer, Propagandisten und Werber."
Rudolph Chimelli, Süddeutsche Zeitung